Dalai Lama
Der Weg zum sinnvollen Leben

Dalai Lama

Der Weg zum sinnvollen Leben

Das Buch vom Leben und Sterben

Herausgegeben von Jeffrey Hopkins
Aus dem Amerikanischen von Johannes Tröndle

FREIBURG · BASEL · WIEN

Titel der amerikanischen Originalausgabe:
Advice on Dying And Living a Better Life
German translation copyright © 2003 by Verlag Herder
Original English language edition © Copyright 2002
by His Holiness the Dalai Lama and Jeffrey Hopkins, Ph. D.
Translated into English by Jeffrey Hopkins, Ph. D. from the original Tibetan.
All rights reserved including the right of reproduction
in whole or in part in any form.
This edition published by arrangement with the original publisher, Atria
Books, an Imprint of Simon & Schuster, Inc., New York.

Die Redaktion wurde fachlich begleitet von Dorothea Nett.

Gedruckt auf umweltfreundlichem,
chlorfrei gebleichtem Papier

Alle Rechte vorbehalten – Printed in Germany
© der deutschen Ausgabe: Verlag Herder Freiburg im Breisgau 2003
www.herder.de
Herstellung: fgb · freiburger graphische betriebe 2003
www.fgb.de
ISBN 3-451-28096-5

Jeder stirbt, aber keiner ist tot.
Tibetisches Sprichwort

Inhalt

Vorwort	9
1. Kapitel: Das Bewusstwerden über den Tod	31
2. Kapitel: Die Befreiung von der Furcht	44
3. Kapitel: Die Vorbereitung auf das Sterben	61
4. Kapitel: Das Beseitigen der Hindernisse für einen günstigen Tod	77
5. Kapitel: Das Erlangen günstiger Bedingungen für den Zeitpunkt des Todes	83
6. Kapitel: Die Meditation während des Sterbens	91
7. Kapitel: Die innere Struktur	106
8. Kapitel: Das klare Licht des Todes	126
9. Kapitel: Das Reagieren auf den Zwischenzustand	145
10. Kapitel: Eine gute Wiedergeburt erlangen	159
11. Kapitel: Tägliche Betrachtungen über das Gedicht	165
Anhang: Überblick über das Gedicht und die Zusammenfassungen	173
Ausgewählte Bibliographie	191

Vorwort

Tibet ist bekannt für profunde Einsichten in die Tiefen des Geistes. Als Ort, wo die buddhistischen Lehren bewahrt wurden, hat Tibet schon seit langer Zeit Traditionen der Übung und Schulung aufrecht erhalten mit dem Ziel, diese tiefen Geisteszustände zu manifestieren und sie für den spirituellen Fortschritt nutzbar zu machen. Ende 1962 begann ich meine eigene Schulung in einem tibetischen und mongolischen Kloster in New Jersey. Während der fast fünf Jahre, die ich in dem Kloster lebte, lernte ich die tibetische Sprache, meditierte und studierte ein breites Spektrum an Themen. Als ich im Sommer des Jahres 1968 in das Kloster zurückkehrte, konnte ich aufgrund dieser Studien die ausgezeichneten Ausführungen über große und kleine Themen schätzen, die von dem alten Lama Kensur Ngawang Lekden stammten. Er war der Abt eines tantrischen Klosters in Lhasa, der Hauptstadt Tibets, gewesen, als die Chinesen 1959 das Land überfielen. Im Verlauf seiner Belehrungen sprach der Lama einige Male von einem tiefgründigen Buch über den Tod, welches er mit sich führte. Er erklärte, das Buch sei äußerst hilfreich um sich dem Tod zu nähern, da es im Detail die immer tiefer werdenden geistigen Zustände beschreibe, die ein sterbender Mensch durchschreitet und auch, wie man sich darauf vorbereitet. Er fügte hinzu, dass wir diese Zustände jeden Tag durchlaufen, wenn wir schlafen gehen, einen Traum beenden, wenn wir in Ohnmacht fallen, niesen oder während des Orgasmus.

Ich war fasziniert.

Aus den kurzen Hinweisen des Lama auf den Inhalt des Buches konnte ich erkennen, dass unsere gewöhnliche Ebene des Bewusstseins im Vergleich zu diesen tieferen Zuständen nur oberflächlich ist. Begierig, mehr zu lernen, bat ich ihn, mich den Text zu lehren, was er jedoch aufschob. Schließlich ging ich 1971 mit einem Fulbright-Forschungsstipendium fort, um für einige Monate bei einem der tibetischen Schüler des Lama zu studieren, der in Deutschland an der Hamburger Universität lehrte. Dort wohnte ich in so etwas wie einem größeren Wohnklo. Ein Freund des tibetischen Gelehrten hatte ein schmales Bett über dem Fenster in der kleinen Kammer gebaut. Eine kleine Leiter führte hinauf, und darunter stand ein winziger Schreibtisch. Ziemlich am Beginn meines Aufenthaltes erschien mir eines Nachts der Lama in einem bewegenden Traum, in der leuchtenden Form eines Sechsjährigen, ohne die Pockennarben, die er auf seinem erwachsenen Gesicht hatte. Er stand auf meiner Brust und kündigte an: „Ich werde wiederkommen." Da wusste ich, dass er gestorben war.

Ich ging nach Indien, wo ich über ein Jahr lang blieb und an zwei Belehrungsreihen Seiner Heiligkeit des Dalai Lama teilnahm. In vielen Audienzen konnte ich lange mit ihm reden, erhielt private Belehrungen und übersetzte einen Text, den er über das Thema „Abhängiges Entstehen und Leerheit" geschrieben hatte. Ich übersetzte auch für eine Gruppe von Studenten, die um eine Audienz gebeten hatten. Nachdem ich in die Vereinigten Staaten zurückgekehrt war, ging ich direkt in das Kloster in New Jersey mit der Absicht, die Hinterlassenschaft von Lama Kensur Ngawang Lekden durchzugehen, um das Buch über das Sterben zu finden.

Ich war begeistert, als ich es tatsächlich entdeckte.

Ich las das Buch und bat zwei Lamas um Belehrungen darüber. Es hat mich sehr beeinflusst. Es beschreibt sowohl die oberflächlichen als auch die tiefgründigen Ebenen des Geistes so deutlich und lebendig, dass es möglich wird, sich vorzustellen, auf der allerletzten und wichtigsten Reise der Umwandlung tiefer und tiefer im Innern des Geistes voranzuschreiten. Ich wusste, dass dieses Material für viele Menschen nützlich sein könnte, und so fragte ich Seine Heiligkeit den Dalai Lama, ob er Erläuterungen über einen anderen Text zu dem gleichen Thema geben könnte, ein Gedicht, das der Erste Panchen (gesprochen: Pantschen) Lama im siebzehnten Jahrhundert geschrieben hatte (über das es auch einen Kommentar gibt von dem Autor des Buches über das Sterben, das ich gelesen hatte). Ich legte dem Dalai Lama meine Meinung dar, dass auf diese Weise ein zugänglicheres Buch geschrieben werden könnte, und er war damit einverstanden.

Einige Tage später wurde ich in sein Privatbüro gerufen und saß ihm mit einem Kassettenrecorder gegenüber. Auf ein weites Gebiet von Traditionen und Erfahrungen zurückgreifend, erläuterte er in lebendigem Detail sowohl die Struktur der buddhistischen Tiefenpsychologie, als auch den Prozess des Sterbens und den Zeitabschnitt nach dem Tod und vor dem nächsten Leben. Er beschrieb, wie geübte Yogis die tiefen Ebenen des Geistes für die spirituelle Umwandlung manifestieren können. Auf packende Art und Weise sprach er von dem Wert des Gewahrseins über den Tod, über die Wege, um dies zu erreichen, darüber, wie man die Angst während des Sterbens als auch im Zustand zwischen den Leben überwinden kann und darüber, wie anderen, die sterben, geholfen werden kann.

Um Ihnen eine Vorstellung von der Wirkung zu vermitteln, die der Dalai Lama auf mich an jenem Tag hatte, lassen Sie mich einige Anmerkungen aus meinem Buch „Mitgefühl und Liebe", zitieren, wo ich von der Meditation über die Natur der Wirklichkeit spreche:

Der Dalai Lama empfiehlt Ihnen, diese Art von Meditation in Bezug auf jemanden oder etwas durchführen, den oder das Sie sehr schätzen, so dass die Erfahrung von Leerheit nicht als eine Abwertung des Gegenstandes der Meditation missverstanden wird – sein großer Wert wird erhalten bleiben, jedoch in einem anderen Licht gesehen werden. Während der Zeit, zu der der Dalai Lama mich in seinem Büro in Indien unterrichtete, war meine Erfahrung besonders intensiv. An einem späten Nachmittag schaute ich ihn über seinen Schreibtisch hin an. Eine Fensterreihe verlief hinter ihm, und die Sonne stand schon ziemlich tief am Horizont über dem Tal des Kangraflusses. Unser Thema waren die Stadien des Todes – eine umfassende Darlegung von tieferen Zuständen des Geistes, auf denen nicht nur der Tod, sondern alle Erfahrungen des Bewusstseins beruhen. Im Tibetischen hat der Dalai Lama eine unglaubliche Sprachgewalt – sehr schnell und gleichzeitig sehr klar – und verfügt über ein enormes Aufgebot an Belehrungen über ein einziges Thema. Die Szene erstrahlte im Glühen der Sonne über einen leuchtend orangenfarbenen Himmel hinweg – genau wie die zweite Stufe der vier subtilen Geistesarten, die während des Sterbens erfahren werden. Ich fühlte mich vollkommen zu Hause angekommen. Als ich aus seinem Büro heraustrat, sah ich die schneebedeckten Himalaja-Gipfel über Dharamsala und war vor Ehrfurcht ergriffen: Ich begann meinen Abstieg zu meinem Zimmer, welches sich weiter unten am Berg befand, und kam an einer Stelle vorbei, von der sich auch ein Blick auf einen Berg auf der anderen Seite bot. Der Raum zwischen den beiden Bergen war erfüllt von einem Regenbogen, der einen vollständigen Kreis bildete. Es war unglaublich! Einige Tage später verließ ich meinen letzten Unterricht beim Dalai Lama und bereitete mich darauf vor, in die Vereinigten Staaten zurückzukehren. Als ich in die Nähe der Tür trat, sagte er: „Es ist wie ein Traum." Ich fragte: „Was?" Er antwortete: „Es ist wie ein Traum." Selbst in dieser äußerst lebendigen, intensiven und kostbaren Zeit meines Lebens veranlasste er mich, über die Leerheit dieser wertvollen Erfahrung zu reflektieren. Leerheit macht Phänomene nicht ungültig; ganz im Gegenteil ist die Leerheit sehr wohl vereinbar mit Wirksamkeit und mit Wert.

Die Wirkung der Lehren

Die Belehrungen des Dalai Lama sind voller Details über den eigentlichen Prozess des Sterbens und auch voller praktischer Ratschläge. Ich gewann viele Einsichten in die stufenweise Auflösung des Bewusstseins und habe viel gelernt, was sich später als sehr hilfreich erwies.

Als mein Vater und meine Mutter ihre Ferien in ihrer kleinen Winterwohnung in Florida verbrachten, erlitt mein Vater einen Schlaganfall. Er war einundachtzig Jahre alt. Ich war zu dieser Zeit weit weg in Vancouver, wo ich an der Universität von British Columbia lehrte, und daher blieb ich dort, während meine drei Brüder nach Florida gingen, um meinen kranken Vater zu besuchen. Wir alle waren sehr erleichtert, als mein Vater aus seinem komatösen Zustand erwachte und sogar nach Hause zurückkehrte. Als ich jedoch einige Wochen später nach Hause kam und meine Brüder schon abgefahren waren, war mein Vater wieder im Krankenhaus, wieder in einem Koma ähnlichen Zustand.

Eines Tages lag er auf dem Rücken und öffnete seine Augen. Er drehte sich zu mir, und wir begannen eine ruhige Unterhaltung. An einem Punkt sagte er mit einem neckischen Funkeln in seinen Augen: „Du glaubst ja gar nicht, was in diesem Krankenhaus vor sich geht." Ich wunderte mich, was er meinte, und schaute dabei zufällig zum Fernseher am Fußende seines Bettes auf. Es lief gerade eine Seifenoper, die in einem Krankenhaus spielte, und ich stellte fest, dass man meinem Vater einen kleinen Lautsprecher auf sein Kopfkissen gelegt hatte. Während er im Koma war, hat er all diese Sendungen mitgehört! Nach einer Weile habe ich ihn auf die Quelle seiner Gedanken hingewiesen und später den Lautsprecher ausgeschaltet, da ich mich an die Belehrung des Dalai Lama erinnerte, dass es nahe am Todeszeitpunkt von größtem Nutzen ist, jemanden zu haben, der einen an heilsame Gedanken erinnert.

Einige Tage später verschlimmerte sich der Zustand meines Vaters, und er glitt in ein tiefes Koma. Als ich ihn eines Nachts besuchte, stellte ich fest, dass er in ein anderes Zimmer verlegt worden war. Dieses Mal plärrte eine Quizsendung aus dem Fernseher. Ich wollte sie ausschalten, doch die Krankenschwester sagte mir, dass es eine Lieblingssendung des nahezu tauben Mannes im anderen Bett sei. Verwirrt saß ich am Fußende des Bettes meines Vaters und überlegte, was ich tun sollte. Aus dem Fernseher brüllte eine Frage über ein im Meer versunkenes Schiff, und so dachte ich mir, dass ich zumindest den anderen Mann mit einbeziehen könnte: „Kennen Sie den Namen des Schiffes?", rief ich laut. Da er keinen einzigen Muskel rührte, sah ich, dass er auch im Koma lag. Mein Vater jedoch richtete sich im Bett auf und sagte: „Die *Andrea Doria*." Er war klar bei Verstand und hatte die ganze Zeit zugehört!

Ich schaltete den Fernseher aus, und wir hatten eine angenehme Unterhaltung. Er war wieder zufrieden, so wie ich ihn kannte. Er bat um Kekse und Milch, womit ihn die Krankenschwester auf besonders liebevolle Weise versorgte. Wir plauderten eine Weile und als ich ging, fragte ich: „Soll ich Mutter von dir grüßen?" „Aber sicher doch!", antwortete er vergnügt.

Das Krankenhaus rief meine Mutter in der Frühe am nächsten Morgen an, um ihr mitzuteilen, dass mein Vater in der Nacht verstorben war. Wie erleichtert war ich doch, dass er vor seinem Tod wieder zu Bewusstsein gekommen und seine gute

Stimmung wiederhergestellt worden war. Und dass der Fernsehapparat schwieg.

Das Krankenhaus hatte den Leichnam meines Vaters allein im Zimmer gelassen. Ich ging hinein und achtete darauf, den Leichnam nicht zu stören, setzte mich hin und schwieg, da ich sein individuelles Vokabular religiösen Glaubens nicht kannte. Ich spürte, dass ich ihn auf seiner Reise unterstützen konnte, einfach indem ich bei ihm war.

Ein Jahr später erlitt meine Mutter so etwas wie einen Schlaganfall. Sie rief bei meinem Bruder Jack und seiner Frau Judy zu Hause an. Jack war unterwegs und als Judy den Anruf beantwortete, sagte Mutter, dass sie sich furchtbar fühle, Kopfschmerzen habe und redete etwas diffus daher. Sie sagte, dass sie sich schwach fühle und dass sie sich vielleicht übergeben muss. Dann verklang ihre Stimme. Da Mutter den Telefonhörer nicht aufgelegt hatte, rannte Judy ins Nachbarhaus und rief die Notambulanz an. Später wurde Mutter im Krankenhaus dreimal von der Schwelle des Todes zurückgeholt, und danach kämpfte sie jedes Mal darum, sich mitzuteilen. Als ich ihr wirres Ringen sah, erinnerte ich mich daran, dass der Dalai Lama von der Notwendigkeit gesprochen hatte, in solch einer Situation einen freundlichen Rat zu geben, und so ging ich zu ihr ans Bett. Ich wusste, dass „Geist" ihr ganz besonderes Wort war. Und so sagte ich: „Mutter, ich bin's, Jeff. Jetzt ist die Zeit für den Geist gekommen." Da beruhigte sie sich sofort und gab ihren Kampf auf. Ich wiederholte sanft: „Jetzt ist die Zeit für den Geist." Einige Tage später ist sie friedlich gestorben.

Als bei meinem Cousin Bobby ein Gehirntumor diagnostiziert wurde, hat er sich ausführlich mit meinem Bruder Jack über seine Krankheit unterhalten. Jack fragte ihn, ob es irgendetwas gäbe, was er noch tun wollte, solange er noch bei Kräften sei. „Ich wünsche mir, dass die Kusinen und Cousins sich treffen und Geschichten über Großvater erzählen." Mein Großvater väterlicherseits war ein starker und mächtiger Mann, der seine Familie, seinen Bauernhof, seine Kirche und all seine Beziehungen auf energische und humorvolle Weise beschützte. Und so versammelte Jack alle vierzehn von uns. Wir wussten, dass Bobby am Sterben war und dass er sich nichts vormachte, aber wir waren ganz bestimmt nicht in düsterer Stimmung. Die meisten hatten lustige Geschichten zu erzählen, die ich auf Video aufzeichnete.

Bobbys Schwester Nancy rief mich an und bat um Rat, was sie tun sollte, wenn der Tod nahte. „Stelle sicher, dass niemand um ihn herum weint oder jammert", sagte ich ihr. „Mach die Dinge unkompliziert. Schalte den Fernseher aus. Lass die Leute kommen und sich verabschieden, bevor das Ende begonnen hat."

An Bobbys vorletztem Tag schaute sich die Familie den Video unseres Treffens an und legte ihn dann weg. Am nächsten Tag – es wurde alles einfach und ruhig gehalten – starb er.

Der Dalai Lama rät uns, dass wir uns gegen Ende unseres Lebens an unsere geistige Übung erinnern sollten, wie immer diese auch aussehen mag. Wir können anderen nicht unsere Meinung aufzwingen oder ihnen eine Übung aufzwingen die sie gar nicht bewältigen können. Als mein Freund Raymond wusste, dass er an Aids sterben würde, fragten er und sein Partner mich, was sie tun sollten. Ich dachte an den Tod meiner Eltern und an meine eigene Lähmung und Nahtod-Erfahrung nach einer Lyme-Erkrankung. Ich wusste, dass wir während des Sterbens ein starkes und klares inneres Erleben haben können, auch lange nachdem wir nicht mehr aktiv reagieren können. Während meiner schweren Krankheit habe ich geistig ein Mantra wiederholt, das ich mehr als dreißig Jahre lang rezitiert habe. Ich konnte das Mantra mit ungewöhnlicher Klarheit rezitieren, obwohl ich mit anderen nicht mehr kommunizieren konnte. Gelegentlich versuchte ich zu sprechen, was mir aber nicht gelang. Doch ich machte mir keine Sorgen darüber. Das wäre ein großer Fehler gewesen. Ich habe einfach nur das Mantra wiederholt, was mich ruhig und entspannt werden ließ.

Indem ich meine eigene Erfahrung bedachte, schlug ich Raymond vor, dass er sich einen Satz aussuchen sollte, den er immer wieder wiederholen könnte. Er wählte sich eine vierzeilige Strophe von Joseph Goldstein:

> Möge ich von liebender Güte erfüllt sein.
> Möge es mir gut ergehen.
> Möge ich friedvoll sein und mich wohl fühlen.
> Möge ich glücklich sein.

Ich dachte, dass der Text vielleicht zu lang sei, aber ich wusste, dass er richtig war für Raymond, da es das war, was er sich wünschte.

Raymond übte sich in seinem Mantra. Sein Lebensgefährte stellte es in einen Plastikrahmen an sein Bett, so dass Raymond es sah, wenn er seinen Kopf zur Seite drehte, und daran erinnert wurde, es zu wiederholen. Später, als Raymond vom Krankenhaus nach Hause zurückkam, um zu sterben, kehrte er sich immer mehr in sich selbst, verlor zuerst sein Sprachvermögen, dann die Fähigkeit, mit der Hand auf etwas zu deuten, und schließlich alle Bewegungsfähigkeit. Als ich jedoch in sein Zimmer ging, neben seinem Bett auf dem Boden saß und sanft sagte, „Möge ich von liebender Güte erfüllt sein", leuchtete sein Gesicht auf, und seine Augen bewegten sich unter seinen geschlossenen Augenlidern. Es funktionierte also!

Der erste Panchen Lama

In dem vorliegenden Buch bezieht sich der Dalai Lama auf ein weites Feld an indischen und tibetischen Texttraditionen und mündlichen Überlieferungen, um ein aus siebzehn Strophen bestehendes Gedicht des Ersten Panchen Lama zu erläutern. Dabei entfaltet der Dalai Lama die Bedeutung der einzelnen Strophen und beschreibt deren praktische Anwendbarkeit im Alltag.

Das Gedicht, welches das Herz dieses Buches bildet, wurde im siebzehnten Jahrhundert verfasst. Seine Bedeutung wurde in Tibet, und jetzt auch in der ganzen Welt, durch Mönche, Nonnen und Laienpraktizierende weitergegeben. Es ist jedoch nicht selbstverständlich, dass dieses Gedicht studiert und praktisch angewandt werden kann. Dies zeigt die aktuelle Lage der Religion in Tibet, die Situation des jetzigen Panchen Lama und die andauernde Spannung zwischen Tibet und China.

Daher möchte ich die Geschichte der beiden Titel „Dalai Lama" und „Panchen Lama" und die Reinkarnationslinie des Autors des Gedichtes, nämlich des Ersten Panchen Lama, näher erörtern. Ich möchte auch mit einigen Missverständnissen zur Lage in Tibet aufräumen und über die jetzige Inkarnation des Panchen Lama sprechen, der in China unter Hausarrest steht.

In der Mitte des dreizehnten und zu Beginn des vierzehnten Jahrhunderts begründete Tsongkhapa Lobsang Drakpa eine spirituelle Tradition in Tibet mit dem Namen Gelug, die auch als die „Schule der Gelbmützen" bekannt ist. Um das Jahr 1445 erbaute Gendün Drub, ein Schüler von Tsongkhapa, in Shigatse, in einer Provinz westlich von Lhasa, ein großes Kloster mit dem Namen Tashi Lhünpo (Berg des Glücks). Gendün Drub wurde rückwirkend der Erste Dalai Lama genannt, als der dritten Inkarnation in seiner Linie, nämlich Sönam Gyatso (1543–1588), von seinem mongolischen Förderer und Schüler,

Altan Khan, im Jahre 1578 der Titel „Dalai" (eine mongolische Übersetzung von „Gyatso", was „Ozean" bedeutet) verliehen wurde.

Der erste Dalai Lama, Gendün Drub, erhielt den Beinamen „Panchen" von einem gelehrten tibetischen Zeitgenossen, Bodong Chokle Namgyal, nachdem dieser all seine Fragen beantworten konnte. „Panchen" heißt „Großer Gelehrter" und ist eine Zusammenziehung aus dem Sanskrit-Wort „pandita", was „Gelehrter" bedeutet, und dem tibetischen „tschen po", was „groß" heißt. Die Äbte des Klosters Tashi Lhünpo, die gewählt wurden und das Amt für eine begrenzte Zeit ausübten, wurden alle „Panchen" genannt.

Im siebzehnten Jahrhundert übergab der Fünfte Dalai Lama das Kloster Tashi Lhünpo seinem Lehrer Lobsang Chökyi (gesprochen: Tschöki) Gyaltsen (1567–1662), dem fünfzehnten Abt des Klosters. Als Abt dieses Klosters wurde auch er „Panchen" genannt. Als Lobsang Chökyi Gyaltsen starb, gab der Fünfte Dalai Lama bekannt, dass sein Lehrer als Kind wiedergeboren und dann sein Amt weiterführen würde. Und so behielt diese Linie von Reinkarnationen den Titel „Panchen Lama" und wurde damit zu den Äbten des Klosters Tashi Lhünpo. Der Titel „Panchen Lama" wechselte somit von einem Titel für ein gewähltes und zeitlich begrenztes Amt zu einem Titel für eine Reinkarnationslinie.

Seit dieser Zeit ist es in Tibet Brauch, dass der Dalai Lama und der Panchen Lama an der Wiederauffindung des Nachfolgers des jeweils anderen beteiligt sind. Der Dalai Lama ist das umfassende geistliche und weltliche Oberhaupt Tibets, wohingegen der Panchen Lama der Führer jenes besonderen Gebietes um Shigatse ist. Die geschichtliche Entwicklung, wie der Dalai Lama und der Panchen Lama ihre Titel erhalten haben, unterhöhlt die lächerliche Behauptung der gegenwärtigen chinesischen Regierung, dass ihre Titel irgendwie auf eine Abhängigkeit von der chinesischen Herrschaft hindeuten. Diese Titel sind vollkommen in Tibet verwurzelt. Um die chinesischen Forderungen nach Rechtmäßigkeit zu unterstützen, weist Peking auf die Tatsache hin, dass der Panchen Lama „Erdini" genannt wird. Dies ist jedoch ein mongolisches Wort, das „Kostbares Juwel" bedeutet. Dies ist ein Höflichkeitstitel, den auch viele mongolische Lamas tragen. Im Falle des Panchen Lama wurde ihm dieser Titel im Jahre 1731 vom Kaiser Kiang-shi aus der Mandschurei verliehen, der zu dieser Zeit über China herrschte.

Wir dürfen nicht vergessen, dass China zu den unterschiedlichen Zeiten seiner Geschichte von mongolischen oder mandschurischen Ausländern beherrscht wurde ebenso wie von den Han-Chinesen. Zu Beginn des zwanzigsten Jahrhunderts leistete Dr. Sun Yat-sen, der Gründungsvater des modernen China, dem Lügenmärchen eines vereinigten Königreiches der Mitte Vorschub, die Mandschurei, die Mongolei, Ost-Turkestan, Tibet und China mit eingeschlossen. Sogar er sagte 1911 jedoch, dass, als die nationalistische Revolution die Mandschu-Dynastie besiegte, China zweimal von *ausländischen* Mächten besetzt worden war – zuerst von den Mongolen und später von den Mandschuren. Die Mongolen, die Mandschuren und die Han-Chinesen betrachteten Tibet als ein eigenständiges Land, selbst dann, als ihre Reiche sich gelegentlich als mächtige Nachbarn in Tibet eingemischt haben. Wir dürfen auch nicht aus den Augen verlieren, dass im achten Jahrhundert das tibetische Reich sich sogar bis zur Hauptstadt Chinas, Ch'ang-an (das heutige Xian), erstreckte. Wenn also ein gelegentliches Eindringen in ein Land bedeutet, dass der Angreifer dieses Land besitzt, dann könnte man auch sagen, dass Tibet einmal im Besitz von China war.

Peking ist bestrebt, seine Herrschaft in Tibet mit der Begründung zu rechtfertigen, dass es eine entscheidende Rolle im Prozess der Wiederauffindung der wichtigen Lamas dieses Gebietes spielt, wovon der Dalai Lama und der Panchen Lama die bekanntesten sind. Pekings verzweifelte Versuche, eigene Bedeutung und Wichtigkeit in Bezug auf die religiösen Angelegenheiten Tibets vorzutäuschen, werden widergespiegelt in der Serie von Ereignissen, die mit der neuen Wiederauffindung des Elften Panchen Lama verbunden sind. Im Folgenden will ich kurz den Prozess der Suche nach einer hohen Reinkarnation erläutern.

1. Im ganzen Land werden Nachforschungen angestellt über besondere Anzeichen, die sich bei Geburten zeigten, über Mütter, die ungewöhnliche Träume hatten, und über Kinder, die besondere Kenntnisse aufweisen, ohne dass man sie diese gelehrt hätte.
2. Vorzeichen werden analysiert. Nach dem Tod des vorherigen Dalai Lama zeigte beispielsweise ein Regenbogen in Richtung Osten, was auf eine Wiedergeburt im östlichen Teil des Landes schließen ließ. Dann erschienen zwei Gebilde wie die Stoßzähne eines Elefanten, etwa dreißig Zentimeter groß, an der östlichen Seite des Reliquienschreins des verstorbenen Dalai Lama. Nachdem ein Suchtrupp die neue Inkarnation gefunden hatte, blühten im Winter Blumen an einem Auditorium im Freien, wo die Dalai Lamas normalerweise Vorträge halten, und die Menschen in Lhasa begannen spontan, ein Lied zu singen, das die Namen seiner Eltern enthielt. (Viele Vorzeichen ereignen sich, ohne dass man ihnen besondere Beachtung schenkt und werden erst später richtig verstanden.)
3. Außergewöhnliche Erkenntnisquellen werden zu Rate gezogen. Eine Delegation wird zu einem See südöstlich von Lhasa geschickt, der prophetische Visionen wachrufen kann. Im Falle des jetzigen Dalai Lama sah die Delegation im See ein Abbild des Klosters nahe seines Geburtsortes und ein Abbild seines eigenen Geburtshauses. Sie sahen auch drei Buchstaben: „A, Ka, Ma". Diese verwiesen auf den Bezirk („A" für das Gebiet

Amdo in Tibet), auf das Kloster („K" für das Kloster Kumbum) und den Geburtsnamen des Dalai Lama („Ma", welches „Frau" oder „weiblich" bedeutet, da der Dalai Lama als Kind einen Mädchennamen hatte: Göttin des Langen Lebens).
4. Eine Weissagung wird durchgeführt, indem man eine Schale kreisen lässt, in der sich Teigbällchen befinden, die die Namen der Endkandidaten enthalten, bis eines der Bällchen aus der Schale heraus fliegt.
5. Getarnte Suchtrupps werden entsandt, um Kandidaten auf besonderes Wissen hin zu prüfen und herauszufinden, ob die Kandidaten Gegenstände aus dem Besitz des vorherigen Lama identifizieren können. Im Falle des jetzigen Dalai Lama hat er als kleiner Junge einen verkleideten Mann des Suchtrupps als einen Mönchs-Offizier erkannt und einen anderen als einen Mönch aus dem Kloster Sera. Und er musste von zwei Rosenkränzen, zwei kleinen Gebetstrommeln und zwei Spazierstöcken die jeweils richtigen herausfinden.

Die Vorstellung, dass eine materialistisch eingestellte kommunistische Regierung sich auf solche religiöse Verfahren einlässt, ist lächerlich. Aber genau das geschieht, wie die folgenden Ereignisse im Zusammenhang mit der Auffindung des jetzigen Panchen Lama zeigen werden.

CHRONOLOGIE DER WIEDERAUFFINDUNG DES ELFTEN PANCHEN LAMA

1984: Die chinesische kommunistische Regierung, die 1950 in Osttibet eingedrungen ist und 1959 die Besetzung aller Gebiet Tibets abgeschlossen hatte, verkündet, dass sie den Tibetern erlauben wird, nach den Reinkarnationen von hochrangigen Lamas zu suchen.

1987: Die chinesische Regierung richtet in Peking eine spezielle Schule für wiedergeborene Lamas ein, die „vaterlandsliebende Lamas, die die Einheit des Heimatlandes schätzen und bewahren", hervorbringen soll.

28. Januar 1989: Der Zehnte Panchen Lama stirbt im Alter von einundfünfzig Jahren im Kloster Tashi Lhünpo in Shigatse, Tibet, vier Tage nach der Veröffentlichung einer Mitteilung, in der er die chinesische Regierung kritisiert und gesagt hat: „Die chinesische Herrschaft in Tibet hat mehr gekostet, als dass sie Nutzen gebracht hätte." Der Zehnte Panchen Lama ist nach der Flucht des Dalai Lama im März 1959 in Tibet geblieben und war für neun Jahre und acht Monate während der Kulturrevolution in Gefangenschaft – und wurde gefoltert, nachdem er einen Bericht verfasst hatte, in dem er die chinesische Politik in Tibet scharf attackierte. (Nach seinem Tod hielten sich immer wiederkehrende und hartnäckige Gerüchte, dass er vergiftet worden war.) Am gleichen Tag macht der Dalai Lama den Vorschlag, eine religiöse Delegation aus zehn Mitgliedern nach Tibet zu schicken, um im Kloster des Panchen Lama Gebete abzuhalten.

Februar 1989: Li Peng, der Premierminister von China, kündigt an, dass es „Außenseitern", womit er die Tibeter im Exil meinte, nicht erlaubt würde, sich „in das Verfahren der Wiederauffindung" einzumischen.

August 1989: Die chinesische Regierung gibt einen Fünf-Punkte-Plan für die Suche, Auswahl und Anerkennung des Panchen Lama bekannt. Der Plan ist ein Kompromiss mit den Verantwortlichen im Kloster des Panchen Lama. Er beinhaltet das Beharren der chinesischen Regierung, dass das Verfahren auch eine Lotterie mit einschließt und dass die chinesische Regierung die endgültige öffentliche Bekanntgabe machen wird. Peking beruft eine Suchdelegation ein, die von Chadrel Rinpoche (gesprochen: Tschadrel Rinpotsche) geleitet wird, dem Abt des Klosters des Panchen Lama, der bekannt dafür ist, gegenüber den Chinesen sehr kooperativ zu sein.

21. März 1991: Der Dalai Lama informiert die chinesische Regierung über ihre Botschaft in Neu Delhi, dass er wünscht, bei der Suche nach der Reinkarnation des Panchen Lama zu helfen, indem er eine Delegation zu dem See der prophetischen Visionen südöstlich von Lhasa schickt.

Juni 1991: Drei Monate später antwortet die chinesische Regierung, dass es keine Notwendigkeit für eine Einmischung gäbe.

17. Juli 1993: Chadrel Rinpoche, der Leiter der von der chinesischen Regierung eingesetzten Suchdelegation, schickt Opfergaben und einen Brief an den Dalai Lama, die Reinkarnation des Panchen Lama betreffend. Darin erklärt er, dass eine Suchgruppe zwei Seen aufgesucht und Bestätigung darüber erhalten habe, dass der Panchen Lama wiedergeboren worden sei.

5. August 1993: Der Dalai Lama schickt eine Erwiderung an Chadrel Rinpoche über die chinesische Botschaft in Delhi und lädt die Suchdelegation ein, ihn in Indien zu besuchen, um die Suche nach der Reinkarnation zu besprechen. Darauf erhält er keine Antwort.

17. und 18. Oktober 1994: Der Dalai Lama sagt in einem Privattreffen mit einem Chinesen, der enge Verbindungen zu der chinesischen Regierung hat, dass er auf eine Antwort auf seinen Brief an Chadrel Rinpoche vom 5. August des Vorjahres warte. Er betont dabei, dass es wichtig sei, die Wiedergeburt gemäß den traditionellen religiösen Verfahren zu suchen.

Januar 1995: Derselbe Chinese wird zweimal an diese Unterhaltung erinnert.

April 1995: Die chinesische Regierung gibt bekannt, dass eine neue Gesetzgebung in Bezug auf die Suche, Auswahl und Anerkennung von Reinkarnationen hochrangiger Lamas in Kraft gesetzt wurde.

14. Mai 1995: Nachdem ausgedehnte Untersuchungen an über dreißig Kindern durchgeführt worden waren, nach vier Prophezeiungen von Orakeln und nach der Durchführung von neun Weissagungen mit Hilfe des Teigballrituals erkennt der Dalai Lama offiziell einen sechsjährigen Jungen, Gendün Chökyi Nyima, der am 25. April 1989 im Distrikt Lhari des Gebietes Nagchu in Tibet geboren worden war, als den Elften Panchen Lama an. Dieses Datum harmoniert mit einem verheißungsvollen Datum im Kalender der Kalachakra-Lehren, welche eine besondere Verbindung mit dem Panchen Lama haben. Der Dalai Lama und die Suchdelegation von Chadrel Rinpoche (die von Peking eingesetzt worden war) sind sich einig.

15. Mai 1995: Eine offizielle chinesische Nachrichtenagentur kritisiert die Erklärung des Dalai Lama scharf.

17. Mai 1995: Die Regierung in Peking schneidet Chadrel Rinpoche und seinen fünfzigjährigen Sekretär Jampa für zwölf Tage von jeglichem Verkehr mit der Außenwelt in Chengdu ab. Der vom Dalai Lama anerkannte junge Panchen Lama wird von den chinesischen Behörden verhaftet. Im Alter von nur sechs Jahren ist er der jüngste politische Häftling der Welt.

19. Mai 1995: In tibetischen Städten tauchen Wandposter auf, die die Einmischung der chinesischen Regierung in die Auswahl des Panchen Lama öffentlich anprangern.

21. Mai 1995: Die chinesischen Behörden berufen Sitzungen in Lhasa, Shigatse und Nagchu ein, um ein Verbot von Versammlungen von mehr als drei Personen bekannt zu geben und um öffentliche Diskussionen über die Rein-

karnation des Panchen Lama zu verbieten. Parteikader begeben sich in das Kloster Tashi Lhünpo, um Umerziehungsunterricht abzuhalten, in dem die Mönche dazu angehalten werden, Chadrel Rinpoche zu kritisieren. Der Lamajunge und seine Familie, als auch zwei andere Kinder, die führende Kandidaten waren, verschwinden, und es wird berichtet, dass man sie nach Peking gebracht hat. In Lhasa müssen alle führenden Persönlichkeiten der Regierung und der religiösen Hierarchie an Sitzungen teilnehmen, in denen die Erklärung des Dalai Lama verurteilt wird.

24. Mai 1995: Eine dreitägige Krisensitzung der „Politischen Beratungskonferenz des chinesischen Volkes" veröffentlicht eine Verlautbarung, in der die Erklärung des Dalai Lama als „gesetzwidrig und ungültig" bezeichnet wird.

Mai 1995: Der führende Regimekritiker und frühere politische Häftling Yulu Dawa Tsering wird angewiesen, sich jeden zweiten Tag bei der Polizei zu melden.

11. Juni 1995: Chadrel Rinpoches Geschäftsführer Gyara Tsering Samdrup wird von den Chinesischen Behörden in Dingri in Untersuchungshaft genommen, da ihm vorgeworfen wird, mit dem Dalai Lama in Kontakt gewesen zu sein.

12.–13. Juli 1995: Ausländische Touristen werden aus Shigatse, dem Sitz des Klosters des Panchen Lama, verwiesen, damit sie die stattfindenden Demonstrationen nicht beobachten können. Tibeter werden daran gehindert, religiöse Handlungen im Kloster des Panchen Lama auszuführen, was sogar das fromme Herumgehen um Klöster oder andere religiöse Stätten beinhaltet.

Bis heute ist der Aufenthaltsort des Jungen, der von der Suchdelegation seines eigenen Klosters und vom Dalai Lama als der Elfte Panchen Lama anerkannt worden ist, nicht bekannt. Bis heute wurden er und seine Eltern von der chinesischen Regierung in Haft gehalten, die internationalen Beobachtern Zutritt zu dem Jungen verwehrt, um sein Wohlergehen zu beurteilen. Der Leiter der Suchdelegation, Chadrel Rinpoche, wurde im Jahr 2002 aus der Haft entlassen.

In einer Wendung der Ereignisse, die nur als bizarr und skurril bezeichnet werden kann, ernannte die zentrale kommunistische Regierung von China eine weitere, eigene, Suchdelegation und gab bekannt, dass sie den wirklichen Panchen Lama gefunden hätte. Der Präsident Chinas, Jiang Zemin, zeigte ein lebhaftes Interesse an dem Vorgang. Der von der chinesischen Regierung anerkannte Ersatz, der heute dreizehn Jahre alt ist, wurde in den chinesischen Zeitungen groß als vaterlandsliebender Gelehrter herausgestellt, der Verehrung hervorrufen werde. Im Jahr 2001 verkündete der von Peking unterstützte falsche Panchen Lama auf einer Reise entlang der aufblühenden Ostküste Chinas: „Jetzt verstehe ich die Größe der kommunistischen Partei Chinas sehr gut und spüre die Wärme der sozialistischen Familie unter der glorreichen Führung der chinesischen kommunistischen Partei."

ANREGUNGEN

Warum ist die kommunistische Regierung in Peking über diesen Fall so aufgebracht? Versucht sie, ihren Überfall auf Tibet dadurch zu rechtfertigen, dass sie der Welt zeigt, dass sie eine lebenswichtige Rolle im spirituellen Leben der tibetischen Nation spielt? Es ist durchaus möglich, dass sie versucht hat, die Entdeckung des neuen Panchen Lama zum dreißigsten Jahrestag der chinesischen Benennung eines Teils von Tibet als „Tibetische Autonome Region" bekannt zu geben. Der Dalai Lama und die Suchdelegation aus dem Kloster des Panchen Lama, die ursprünglich von Peking eingesetzt worden war, haben sich jedoch auf den gleichen Kandidaten geeinigt, und der Dalai Lama hat das Auffinden der Reinkarnation bekannt gegeben, zweifelsohne um der chinesischen Einmischung zuvorzukommen.

Peking erhebt auch den völlig unbegründeten Anspruch darauf, dass die vorherige chinesische Regierung, die Guomintang, in den Prozess der Auffindung des jetzigen Dalai Lama verwickelt gewesen sei. Das widerspricht jedoch völlig der Geschichte. Als die Inthronisation des jetzigen Dalai Lama am 22. Februar 1940 stattfand, wurde der chinesische Abgesandte Wu Zhongxin genau wie die anderen Gesandten aus Bhutan, Sikkim, Nepal und Britisch Indien behandelt und spielte keine besondere Rolle. Die Guomintang behaupteten allerdings, dass der junge Dalai Lama sich gegenüber Peking verbeugt habe und dass der chinesische Gesandte den Knaben auf den Thron gesetzt habe. Sogar ein tibetischer Funktionär, Ngabo Nawang Jigme, der bei der Inthronisation des Dalai Lama anwesend war und der in der Folge mit der chinesischen Regierung zusammengearbeitet hat und Vizepräsident des Ständigen Ausschusses des Volkskongresses ist, sagte am 31. Juli 1989: „Wir, die kommunistische Partei, brauchen keine Lügen verbreiten, die auf den Lügen der Guomintang beruhen." Zu dieser Zeit sagte der Genosse Chang Feng vom Ministerium der Vereinigten Front: „In Zukunft werden wir nicht mehr behaupten, dass Wu Zhongxin die Inthronisation des Vierzehnten Dalai Lama geleitet habe." Peking muss verzweifelt sein, wenn es heute wieder auf das Lügenmärchen der Guomintang zurück kommt. Es ist sehr aufschlussreich, dass die tibetische Sprache niemals ein Wort für ein Land hatte, das sowohl Tibet und China umfasst, obwohl Tibet sehr große Klosteruniversitäten hat, die jedes kleinste philosophische Detail erörtern.

Die Politik der gegenwärtigen chinesischen Regierung gegenüber Tibet beruht auf Gleichgültigkeit und Missachtung gegenüber den Bedürfnissen und Wünschen des tibetischen Volkes. Dies muss revidiert werden, indem Peking sehr deutlich darauf hingewiesen wird, dass die Welt diese Angelegenheit wirklich ernst nimmt. Regierungen und Nichtregierungsorganisationen sollten die chinesischen Behörden dringend dazu auffordern, den Panchen Lama und diejenigen, die an seiner Auffindung beteiligt gewesen waren, aus der Haft zu entlassen, und dem Panchen Lama erlauben, in seinem eigenen Kloster erzogen zu werden und es ihm gestatten, sich frei zu bewegen. Die Vereinigten Nationen sollten die Bemühungen des Dalai Lama unterstützen, ein Übereinkommen über den Status von Tibet zustande zu bringen.

Die tibetische Kultur reicht weit über die Grenzen von Tibet hinaus und erstreckt sich von den mongolisch geprägten Gebieten Kalmückiens nahe der Wolga-Mündung in Europa, wo sich die Wolga in das Kaspische Meer ergießt, über die Äußere und Innere Mongolei, die Republik Buriat in Sibirien, bis nach Bhutan, Sikkim, Ladakh und Teilen von Nepal. In all diesen Gebieten werden buddhistische Rituale und akademische Bildung auf Tibetisch durchgeführt. Die Jugendlichen kamen aus all diesen weit verstreuten Gebieten, um in Tibet zu studieren, besonders in und um die Hauptstadt Lhasa herum, und kehrten meist in ihr Heimatland zurück, nachdem sie ihre Studien abgeschlossen hatten (bis zur kommunistischen Machtübernahme in vielen dieser Länder). Somit ist die tibetische Kultur von wesentlicher Bedeutung für große Gebiete Innerasiens, und ihr Ende hätte folgenschwere Konsequenzen.

Diese Buch soll uns die Schätze Tibets in Erinnerung rufen.

Jeffrey Hopkins, Ph.D.
Professor für Tibetologie
Universität von Virginia

Erstes Kapitel

Das Bewusstwerden über den Tod

> Genau so, wie man beim Weben
> Das Ende der prächtigen Fäden,
> Mit denen gewebt wurde, erreicht,
> So ist das Leben der Menschen.
>
> BUDDHA

Es hat entscheidende Bedeutung, Achtsamkeit über den Tod zu entwickeln – darüber nachzudenken, dass wir nicht lange in diesem Leben bleiben werden. Wenn wir uns des Todes nicht bewusst sind, werden wir es versäumen, dieses besondere menschliche Leben, das wir jetzt erlangt haben, zu nutzen. Dieses menschliche Leben *ist* sinnvoll. Denn dieses Leben ist die Grundlage, auf der wir gute Wirkungen hervorrufen können.

Untersuchungen über den Tod sind nicht dazu gedacht, uns in Furcht zu versetzen. Sie dienen dazu, dieses kostbare Leben, in dem wir viele wichtige Übungen durchführen können, schätzen zu lernen. Statt ängstlich zu sein, sollten wir darüber nachdenken, dass wir diese gute Gelegenheit zur geistigen Übung verlieren werden, wenn der Tod kommt. Auf diese Weise wird uns das Nachdenken über den Tod mehr Kraft und Energie verleihen.

Wir müssen es akzeptieren, dass der Tod zum Leben dazugehört. Buddha sagte:

Den Ort, an dem Du unberührt vom Tod verweilen kannst,
Existiert nicht. Diesen Ort gibt es
Weder im Raum, noch im Ozean,
Noch dann, wenn Du Dich inmitten eines Berges aufhältst.

Wenn wir es akzeptieren, dass der Tod Teil unseres Lebens ist, dann können wir ihm leichter ins Auge blicken, wenn er tatsächlich kommt. Wenn der Mensch tief im Innern weiß, dass der Tod kommen wird, es aber absichtlich vermeidet, darüber nachzudenken, dann ist das unangemessen und kontraproduktiv. Dasselbe gilt, wenn das Alter nicht als Teil des Lebens akzeptiert, sondern als unerwünscht betrachtet und bewusst aus dem Denken ausgeblendet wird. Das hat zur Folge, dass man geistig nicht vorbereitet ist. Wenn das Alter dann unausweichlich eintritt, wird es sehr schwierig.

Es gibt Menschen, die körperlich alt sind, aber so tun, als ob sie jung wären. Manchmal, wenn ich in Ländern wie den Vereinigten Staaten Freunde treffe, die ich schon lange kenne, begrüße ich sie mit den Worten „mein alter Freund". Ich meine damit, dass wir uns schon seit langer Zeit kennen und nicht unbedingt „körperlich alt". Aber wenn ich das sage, werde ich oft nachdrücklich korrigiert: „Wir sind nicht alt! Wir sind alte Freunde." Aber sie *sind* alt – ihnen wachsen Haare in den Ohren, und das ist ein sicheres Zeichen für das Alter – aber es ist ihnen unangenehm, alt zu sein. Das ist dumm.

Ich denke, dass die maximale Dauer eines menschlichen Lebens einhundert Jahre beträgt, was im Vergleich zur Lebensdauer unseres Planeten sehr kurz ist. Dieses kurze Leben sollte in einer Weise benutzt werden, dass es anderen keine Schmerzen zufügt. Es sollte nicht dazu genutzt werden, schädliche Handlungen zu begehen, sondern eher konstruktiv und positiv tätig zu sein – zumindest jedoch nicht dazu, anderen zu schaden oder ihnen Probleme zu bereiten. Auf diese Weise wird unser kurzes Leben als ein Besucher auf diesem Planeten sinnvoll werden. Wenn ein Reisender einen bestimmten Ort für eine kurze Zeit besucht und dort nur Schwierigkeiten verursacht, verhält er sich dumm. Wenn Sie während dieses kurzen Aufenthalts andere glücklich machen, dann ist das weise. Wenn Sie sich dann zu Ihrem nächsten Ort begeben, werden Sie sich glücklich fühlen. Wenn Sie jedoch Probleme verursachen, was war dann der Nutzen Ihres Besuches – auch wenn Ihnen während dieser Zeit keine Probleme erwachsen sind?

Von den hundert Jahren eines Menschenlebens verbringen wir den frühen Abschnitt als Kind und den letzten Abschnitt als alter Mensch, wo man oft nur wie ein Tier isst und schläft. Dazwischen liegen vielleicht sechzig oder siebzig Jahre, die sinnvoll genutzt werden können. Buddha sagte dazu:

> Die Hälfte des Lebens wird mit Schlafen verbracht. Zehn Jahre werden in der Kindheit zugebracht. Zwanzig Jahre werden im Alter verloren. Von den zwanzig Jahren, die übrig bleiben, verbrauchen Kummer, Jammern, Schmerzen, Hetzerei und Unruhe sehr viel Zeit, und hunderte körperlicher Krankheiten zerstören noch mehr Zeit.

Um das Leben sinnvoll werden zu lassen, ist es entscheidend, Altern und Tod als Bestandteil unseres Lebens zu akzeptieren. Hat man das Gefühl, der Tod sei so gut wie unmöglich, so bringt das nur mehr Gier und mehr Schwierigkeiten hervor – manchmal sogar absichtlichen Schaden für andere. Wenn wir sehr genau anschauen, wie angeblich große Persönlichkeiten wie Kaiser, Könige und so weiter gewaltige Wohnsitze und Mauern gebaut haben, dann sehen wir, dass sie tief in ihrem Geist davon überzeugt waren, immer am Leben zu bleiben. Aus diesem Selbstbetrug ergeben sich für viele Menschen nur mehr Leiden und mehr Schwierigkeiten.

Über die Wirklichkeit nachzudenken ist auch für diejenigen, die nicht an zukünftige Leben glauben, fruchtbar, nützlich und erkenntnisreich. Menschen, ihr Geist und alle von Ursachen abhängige Phänomene verändern sich von Moment zu Moment. Und dies öffnet die Möglichkeit zur positiven Entwicklung. Wenn sich die Dinge und Situationen nicht verändern würden, behielten sie für immer die Natur des Leidens bei. Sobald Sie sich bewusst sind, dass sich die Dinge immer ändern, auch wenn Sie gerade eine schwierige Zeit durchmachen, dann können Sie Trost und Erleichterung in dem Wissen finden, dass die Situation nicht immer so bleiben wird. Dann gibt es keinen Grund frustriert zu sein.

Doch auch das Glück ist nicht dauerhaft. Folglich ist zu viel Anhaftung, wenn die Dinge gut laufen, nutzlos. Der Glaube an die Beständigkeit treibt uns in den Ruin: Selbst wenn Sie glauben, dass es zukünftige Leben gibt, sind Sie völlig mit der Gegenwart beschäftigt, und die Zukunft hat wenig Bedeutung. Wenn Ihr Leben jedoch mit der Freiheit, Muße und Möglichkeiten ausgestattet ist, sich mit produktiven Handlungen zu befassen, zerstören Sie sich mit dieser Haltung eine gute Gelegenheit. Ein Blick auf die Vergänglichkeit kann sehr hilfreich sein.

Sich der Vergänglichkeit bewusst zu sein, verlangt Disziplin – das Zähmen des Geistes. Das bedeutet jedoch nicht Bestrafung oder Kontrolle von außen. Disziplin heißt nicht Verbot. Disziplin heißt vielmehr, dass, wenn es einen Widerspruch zwischen lang- und kurzfristigen Interessen gibt, Sie den kurzfristigen Nutzen um des langfristigen Nutzens willen aufgeben. Das ist *Selbst*-Disziplin, welche aus dem Gewahrwerden von Ursache und Wirkung (Karma) entsteht. So meide ich zum Beispiel zur Zeit saure Speisen und kalte Getränke, die mir ansonsten gut schmecken, damit mein Magen sich nach meiner jüngsten Erkrankung erholen kann. Diese Art von Disziplin bedeutet Schutz. Auf ähnliche Art und Weise verlangt das

Nachdenken über den Tod Selbst-Disziplin und Selbst-Schutz, nicht Bestrafung.

Alle Menschen haben das Potential, gute Dinge zu schaffen. Für die volle Nutzbarmachung dieses Potentials brauchen wir jedoch Unabhängigkeit und Freiheit. Totalitarismus würgt dieses Wachstum ab. Darüber hinaus bedeutet Individualismus auch, dass Sie nicht etwas von Außen akzeptieren oder dass Sie auf Anweisungen warten, sondern vielmehr, dass Sie selbst die Initiative ergreifen. Daher hat Buddha oft von „persönlicher Befreiung" gesprochen. Das meint Selbst-Befreiung und nicht Befreiung durch eine Organisation. Jedes Individuum muss die eigene gute Zukunft schaffen. Freiheit und Individualismus verlangen Selbst-Disziplin. Wenn sie für leidbringende Emotionen ausgebeutet werden, ergeben sich negative Konsequenzen. Freiheit und Selbst-Disziplin müssen Hand in Hand gehen.

Die Erweiterung des Horizontes

Aus buddhistischer Sicht ist das höchste aller Ziele, die Buddhaschaft zu erreichen. Es ermöglicht Ihnen, einer großen Anzahl von Lebewesen zu helfen; eine Verwirklichung auf mittlerer Ebene kann Sie bereits aus dem schmerzhaften Kreislauf von Geburt, Alter, Krankheit und Tod befreien; eine Verwirklichung auf niederer, aber immer noch wertvoller, Ebene ist die Verbesserung Ihrer zukünftigen Leben. Durch die schrittweise Verbesserung Ihrer Leben kann die Befreiung erlangt werden und darauf basierend kann schließlich die Buddhaschaft erreicht werden. Zuerst erweitern Sie Ihre Perspektive, indem Sie zukünftige Leben mit einschließen; dann dehnen Sie durch ein genaues Verständnis Ihrer eigenen Notlage Ihre Perspektive aus, indem Sie die sich wiederholenden Runden des Leidens von einem Leben zum anderen, die Samsara oder Daseinskreislauf genannt werden, mit einschließen. Dieses Verständnis kann schließlich auf andere ausgedehnt werden durch den mitfühlenden Wunsch, dass alle Lebewesen vom Leiden und den Ursachen des Leidens befreit werden mögen. Dieses Mitgefühl treibt Sie dazu an, nach der Buddhaschaft zu streben.

Sie müssen von den tieferen Aspekten des Lebens, die zukünftige Leben beeinflussen, berührt werden, bevor Sie die vollständige Natur des Leidens und des Daseinskreislaufes verstehen können. Dieses Verständnis des Leidens ist wiederum erforderlich für die umfassende Entwicklung von Mitgefühl. Auf ähnliche Weise sind wir Tibeter bestrebt, ein Maß an Selbstbestimmung in Tibet zu erreichen, um den Menschen in unserem Heimatland nutzen zu können, wir sind aber auch bemüht, uns in unserer Flüchtlingssituation in Indien einzurichten. Das Erlangen unseres ersten, größeren Zieles basiert darauf, dass wir das zweite, vorübergehende Ziel erreichen.

Die Nachteile, die daraus entstehen, nicht des Todes zu gedenken

Es ist nützlich und vorteilhaft, sich bewusst zu sein, dass man sterben wird. Warum? Wenn Sie sich des Todes nicht bewusst sind, werden Sie Ihr Leben auf bedeutungslose Art und Weise verbringen, ohne zu untersuchen, welche Einstellungen und Handlungen das Leiden fortsetzen und welche Einstellungen und Handlungen Glück hervorbringen.

Wenn Sie nicht bedenken, dass Sie bald sterben können, werden Sie unter den Einfluss eines falschen Gefühls von Dauer kommen: „Ich werde später sterben, später, später." Wenn dann die Zeit gekommen ist, werden Sie über keine Kraft mehr verfügen, auch wenn Sie versuchen, etwas Lohnendes zustande zu bringen. Viele Tibeter treten als junge Menschen in ein Kloster ein und studieren die Texte über spirituelle Übungen. Wenn dann aber die Zeit gekommen ist, sich wirklich zu üben, fehlt ihnen irgendwie die Fähigkeit, dies zu tun. Dem ist so, weil sie kein wirkliches Verständnis von Vergänglichkeit haben. Wenn Sie nach Ihren Überlegungen, wie Sie sich üben sollten, zu dem Entschluss kommen, dass Sie sich dafür unbedingt einige Monate oder sogar Jahre zurückziehen müssen, dann sind Sie von Ihrem Wissen über die Vergänglichkeit angespornt worden. Wenn aber diese Dringlichkeit nicht beständig durch das Nachdenken über den unerbittlichen Zahn der Vergänglichkeit aufrechterhalten wird, dann werden Ihre Übungen allmählich versanden. Das ist der Grund, weshalb einige Menschen, die über Jahre hinweg im Retreat verweilen, danach keinen bleibenden Eindruck davon in ihrem Leben wahrnehmen. Über die Vergänglichkeit nachzudenken, regt nicht nur Ihre Übungen an, sondern liefert auch den Brennstoff dafür.

Wenn Sie ein starkes Empfinden für die Gewissheit des Todes und für die Ungewissheit seines Eintretens haben, werden Sie aus Ihrem Innern heraus motiviert werden. Es ist dann so, als ob ein Freund Sie warnt: „Sei vorsichtig, sei ehrlich, ein weiterer Tag verstreicht."

Es könnte sogar sein, dass Sie Ihr Zuhause verlassen und in ein Kloster gehen. In diesem Fall bekämen Sie einen neuen Namen und neue Kleider. Sie wären auch weniger mit verschiedenen Unternehmungen beschäftigt, und Sie müssten Ihre Einstellungen ändern und Ihre Aufmerksamkeit auf tiefere Ziele lenken. Wenn Sie dann jedoch weiterhin nur mit den oberflächlichen Angelegenheiten des Augenblicks beschäftigt wären – schmackhaftem Essen, guter Kleidung, einer besseren Unterkunft, angenehmen Unterhaltungen, vielen Freunden und Bekannten, oder sogar damit, sich Feinde zu verschaffen, wenn jemand etwas tut, das Sie nicht mögen, und Sie sich dann zanken und streiten – dann wären Sie nicht viel besser dran, als Sie es vor dem Eintritt in das Kloster waren, und vielleicht sogar schlimmer.

Denken Sie daran, dass es nicht ausreicht, sich von diesen oberflächlichen Aktivitäten zurückzuziehen, aus Verlegenheit oder Furcht davor, was Freunde denken mögen, die sich auf dem gleichen Weg befinden; der Wandel muss aus dem Inneren kommen. Das gilt sowohl für Mönche und Nonnen als auch für Laien, die die Übung auf sich nehmen.

Vielleicht können Sie ein Gefühl der Dauerhaftigkeit nicht loslassen, indem Sie denken, dass Sie so bald nicht sterben werden und dass Sie, während Sie noch am Leben sind, besonders gute Nahrung, Kleidung und Unterhaltung brauchen. Aus dem Wunsch nach den wunderbaren Dingen der Gegenwart, selbst wenn diese langfristig keine große Bedeutung haben, sind Sie dazu bereit, allerlei unverschämte Übertreibungen und Mittel zu finden, um das zu bekommen, was Sie wünschen – Sie nehmen Kredite zu hohen Zinsen auf, schauen auf Ihre Freunde herab, führen juristische Auseinandersetzungen – alles um irgendetwas eigentlich nicht Nötiges zu bekommen.

Da Sie Ihr Leben mit solchen Aktivitäten verbringen, wird Geld attraktiver als das Lernen, und selbst wenn Sie üben, schenken Sie dem keine große Beachtung. Wenn eine Seite aus einem Buch herausfällt, zögern Sie vielleicht, das Blatt aufzuheben. Wenn jedoch ein Geldschein auf den Boden fällt, gibt es gar keine Frage. Wenn Sie Menschen begegnen, die ihr Leben wirklich dem Verfolgen tieferer Ziele gewidmet haben, dann finden Sie diese Hingabe vielleicht gut, aber das wär's dann auch. Wenn Sie aber jemanden treffen, der teuer gekleidet ist und der seinen Reichtum offen zeigt, dann würden Sie sich nach diesem Reichtum sehnen, danach gieren, darauf hoffen – mit immer größerer Anhaftung. Schließlich werden Sie alles tun, um ihn zu erreichen.

Sobald Sie intensiv mit den schönen Dingen dieses Lebens beschäftigt sind, werden Ihre leidbringenden Gefühle zunehmen, die dann wiederum mehr schlechte Handlungen hervorbringen. Diese kontroproduktiven Emotionen führen lediglich zu Schwierigkeiten und machen es Ihnen und allen um Sie herum unangenehm. Auch wenn Sie sich für kurze Zeit damit befassen, wie man sich auf den Stufen des Weges zur Erleuchtung übt, sammeln Sie immer mehr materielle Dinge an und haben mit immer mehr Menschen zu tun, bis zu dem Punkt, an dem Sie sich sozusagen in den Oberflächlichkeiten dieses Lebens üben und in der Meditation das Verlangen nach Freunden und den Hass gegenüber Feinden kultivieren und nach Wegen suchen, diese leidbringenden Gefühle zu befriedigen. Auch wenn Sie dann von wirklicher und nützlicher Übung hören, sind Sie an diesem Punkt geneigt zu spüren: „Ja, so ist es. Aber ..." Ein „aber" nach dem anderen. In der Tat sind Sie seit Ihrem anfangslosen Kreisen im Rad der Existenzen an die leidbringenden Gefühle gewöhnt, aber jetzt haben Sie noch die Übung in Oberflächlichkeit hinzugefügt. Das macht die Situation nur noch schlimmer und bringt Sie ab von dem, was wirklich hilft.

Von solcher Begierde getrieben, werden Sie keinen Trost und kein Wohlergehen finden. Sie machen andere nicht glücklich, und sich selbst sicherlich auch nicht. Indem Sie immer ichbezogener werden – „*mein* das, *mein* jenes", „*mein* Körper, *meine* Gesundheit" – wird jeder, der stört, sofort Anlass zum Ärger. Obwohl Sie sich viel aus „*meinen* Freunden" und „*meinen* Verwandten" machen, können diese Ihnen jedoch weder bei Ihrer Geburt noch bei Ihrem Tod helfen: Sie kommen alleine auf diese Welt, und Sie müssen diese Welt alleine verlassen. Wenn ein Freund Sie in Ihren Tod begleiten könnte, dann würde sich die Anhaftung lohnen; das ist aber nicht der Fall. Wenn Sie in einer völlig unbekannten Situation wiedergeboren werden und Ihr Freund aus dem letzten Leben eine Hilfe sein könnte, dann könnte man auch darüber nachdenken; aber das ist nicht möglich. In der Zeit zwischen Geburt und Tod, sind es jedoch für ein paar Jahrzehnte „*mein* Freund", „*meine* Schwester", „*mein* Bruder". Diese Betonung ist unangebracht, hilft überhaupt nicht und schafft lediglich mehr Verwirrung, Gier und Hass.

Wenn Freunde überbetont werden, werden Feinde auch überbetont. Wenn Sie geboren werden, kennen Sie niemanden, und keiner kennt Sie. Obwohl wir uns alle gleichermaßen Glück wünschen und Leid vermeiden wollen, mögen Sie die Gesichter einiger Menschen gern und denken: „Das sind *meine* Freunde", und Sie mögen die Gesichter anderer Menschen nicht und denken: „Das sind *meine* Feinde." Sie machen Identitäten und Namen an diesen Menschen fest, und es endet damit, dass Sie Verlangen den Ersteren und Abneigung oder Hass den Letzteren gegenüber hervorbringen. Liegt darin irgendein Wert? Nein. Das Problem liegt darin, dass unglaublich viel Energie für eine Ebene aufgewendet wird, die nicht tiefer geht als die oberflächlichen Angelegenheiten in diesem Leben. Das Tiefgründige verliert gegen das Triviale.

Wenn Sie sich nicht geübt haben und Sie an Ihrem Sterbetag von schluchzenden Freunden und anderen in Ihre Angelegenheiten verwickelten Menschen umgeben sind, statt jemanden bei sich zu haben, die oder der Sie an heilsame Übungen erinnert, wird das nur Schwierigkeiten verursachen, und diese Schwierigkeiten werden von Ihnen selbst verursacht sein. Worin liegt also der Fehler? Darin, sich nicht der Vergänglichkeit bewusst zu sein.

Die Vorteile, die daraus entstehen, sich der Vergänglichkeit bewusst zu sein

Wenn Sie jedoch nicht bis zum Schluss damit warten, das Wissen, dass Sie sterben werden, auf Ihren Geist wirken zu lassen, und Sie Ihre Lage realistisch beurteilen und würdigen, werden Sie nicht von oberflächlichen und vorübergehenden Zielen überschwemmt werden. Sie werden nicht vernachlässigen, was auf lange Sicht wichtig ist. Es ist besser, gleich von Anfang an davon auszugehen, dass Sie sterben werden und dann zu untersuchen, was wirklich lohnend ist. Wenn Sie immer daran denken, wie schnell dieses Leben vergeht, werden Sie Ihre Zeit besser schätzen und das tun, was wertvoll und nützlich ist. Mit einem ausgeprägten Gefühl für die Nähe des Todes werden Sie die Notwendigkeit verspüren, sich der spirituellen Übung zu widmen, Ihren Geist zu schulen und werden Ihre Zeit nicht mit Ablenkungen verschwenden, die vom Essen übers Trinken zum endlosen Gerede über Krieg, Liebesaffären und zum Tratsch reichen.

Alle Lebewesen wünschen sich Glück und kein Leid. Sie wenden viele verschiedene Techniken an, um unerwünschtes Leiden in seinen oberflächlichen und tieferen Erscheinungsformen zu überwinden. Es sind aber vor allem wir Menschen, die Methoden in früheren Phasen ihres Lebens lernen, um Leiden später vermeiden zu können. Sowohl Menschen, die sich in einer Religion üben, als auch Menschen, die dies nicht tun, versuchen im Verlauf ihres Lebens, einige Leiden zu verringern und andere Leiden ganz zu beseitigen und nehmen dabei manchmal sogar Schmerzen auf sich als ein Mittel, um später im Leben ein größeres Leiden zu überwinden und ein gewisses Maß an Glück zu erreichen.

Wir alle versuchen, oberflächliche Schmerzen zu beseitigen. Es gibt aber auch eine andere Art von Übungen, die sich darauf abzielt, Leiden auf einer tieferen Ebene aufzulösen. Das Mindeste, was dadurch erreicht werden kann, ist die Verringerung von Leiden in zukünftigen Leben. Darüber hinaus wird sogar die Auflösung aller Erscheinungsformen von Leiden für einen selbst als auch für alle Lebewesen angestrebt. Die spirituelle Übung gehört zu diesen tiefgründigen Methoden.

Diese Techniken erfordern, die innere Haltung anzupassen. Somit bedeutet spirituelle Übung im Grunde, dass Sie Ihr Denken richtig anpassen. Im Sanskrit wird dies *dharma* genannt, was „Das, was hält" bedeutet. Das heißt, dass Sie durch die Anpassung und Berichtigung von kontraproduktiven Einstellungen von einer bestimmten Ebene des Leidens befreit werden und somit vor diesem speziellen Leiden *abgehalten* werden. Spirituelle Übung schützt Sie und andere vor Elend und Not bzw. hält Sie davon ab. Es hat ganz praktischen Sinn für Sie, die Sie ja nur eine einzelne Person sind, sich dafür zu entscheiden, sich um viele zu kümmern. Indem Sie sich auf das Wohlergehen der anderen konzentrieren, werden aber auch Sie selbst glücklicher werden. Mitgefühl verringert Ihre Furcht vor eigenem Leiden und kräftigt Ihre innere Stärke. Es gibt Ihnen ein Gefühl für die eigene Kraft und Fähigkeit, Ihre Aufgaben erfüllen zu können. Mitgefühl ermutigt und bestärkt.

Lassen Sie mich ein kleines Beispiel anführen. Als ich vor einiger Zeit in Bodh Gaya war, erkrankte ich aufgrund einer chronischen Darminfektion. Auf dem Weg ins Krankenhaus hatte ich heftige Schmerzen, und ich schwitzte sehr stark. Das Auto fuhr durch die Gegend des Geierberges (Buddha hat dort gelehrt), wo die Dorfbewohner sehr arm sind. Der indische Bundesstaat Bihar, in dem der Geierberg liegt, ist allgemein sehr arm, aber in dieser Gegend sind die Menschen noch viel ärmer. Ich habe noch nicht einmal Kinder gesehen, die auf dem Weg zur oder von der Schule waren. Nur Armut. Und Krankheit. Ich erinnere mich lebhaft an einen kleinen Jungen mit Kinderlähmung, der rostige metallene Stützbänder an seinen Beinen hatte und metallene Krücken, die er unter die Achseln geklemmt hatte. Es war offensichtlich, dass er niemanden hatte, der nach ihm schaute. Ich war zutiefst berührt. Ein wenig später sah ich an einem Teestopp an der Straße einen alten Mann, der nur mit einem schmutzigen Stück Stoff bekleidet war. Er war auf den Boden gefallen und dort liegen geblieben, und niemand kümmerte sich um ihn.

Später im Krankenhaus, drehten sich meine Gedanken weiter um das, was ich gesehen hatte, und ich dachte darüber nach, wie traurig es ist, dass ich Menschen hatte, die sich um mich kümmerten, während diese armen Menschen dort auf der Straße niemanden hatten. Ich habe meine Gedanken darauf gelenkt, nicht auf mein eigenes Leiden. Obwohl mir der Schweiß am Körper herunter lief, waren meine Sorgen woanders.

Auf diese Weise litt mein Geist weder Furcht noch Unbehagen, obwohl mein Körper starke Schmerzen durchmachte, die mich am Schlafen hinderten (es hatte sich ein Loch in der Darmwand gebildet). Es hätte die Lage nur verschlimmert, wenn ich mich auf meine eigenen Probleme konzentriert hätte. Das ist ein Beispiel aus meiner eigenen kleinen Erfahrung, wie eine Haltung des Mitgefühls einem selbst hilft und bis zu einem gewissen Grad körperlichen Schmerz unterdrückt und geistige Qualen fernhält, trotz der Tatsache, dass anderen dadurch vielleicht nicht direkt geholfen werden kann.

Mitgefühl stärkt Sie, und mit diesem Mut sind Sie entspannter. Wenn Sie das Leiden einer grenzenlosen Anzahl von Lebewesen im Blick haben, dann erscheint Ihnen Ihr eigenes Leiden kleiner.

Zweites Kapitel

Die Befreiung von der Furcht

Dein Leben wohnt inmitten von Ursachen für den Tod,
Genau wie eine Fackel in einem starken Luftzug.

„Der Kostbare Kranz" von Nagarjuna

Der Erste Panchen Lama hat ein siebzehnstrophiges Gedicht verfasst, dem sich viele Tibeter widmen, um ihren Fokus auf die täglichen Betrachtungen über das Sterben zu richten. Der Titel des Gedichtes heißt: *Wunschgebete für die Befreiung aus dem gefährlichen Engpass des Zwischenzustandes: Der Held, der von Furcht befreit.* Um aus gefährlichen Engpässen befreit zu werden, wenn wir zum Beispiel von Räubern, Gewaltverbrechern oder wilden Tieren verfolgt werden, benötigen wir einen heldenhaften und geeigneten Führer auf dem Weg, der uns retten kann. Entsprechend brauchen wir die Übung in den Ratschlägen, die dieses Gedicht anbietet, um von dem Schrecken der illusorischen Erscheinungen während des Sterbens und während des Zwischenzustandes zwischen zwei Leben befreit zu werden. Dieses Gedicht enthält tiefgehende Techniken, um von diesen Ängsten zu erlösen. Indem wir über das Gedicht nachdenken, lernen wir, wie der Tod eintritt, und dieses Wissen wird während des tatsächlichen Sterbeprozesses von Nutzen sein. Das Sterben ist eine Zeit, in der die tieferen Ebenen des Geistes offenbar werden; tägliche Reflektionen über das Gedicht werden auch die Türen zu diesen subtilen Zuständen öffnen.

Das Gedicht enthält eine Reihe von Wünschen, die jeder anwenden kann, damit der Geist auf heilsame Weise reagieren wird, wenn uns der Tod dann tatsächlich begegnet. Einige Menschen versuchen, während des Todes eine kraftvolle positive Motivation zu entwickeln, um heilsame Veranlagungen und Neigungen zu aktivieren und zu verstärken und eine günstige Wiedergeburt zu erreichen. Ihr Ziel ist es, eine gute Wiedergeburt zu erlangen, um ihre religiösen Übungen fortzusetzen. Andere dagegen versuchen, wie wir sehen werden, die tieferen Schichten des Geistes, die während des Sterbens offenbar werden, zu nutzen, um fortgeschrittene spirituelle Zustände zu erreichen. Alle Übenden streben jedoch danach, anderen dienlich zu sein.

Das Gedicht des Ersten Panchen Lama beschreibt drei Ebenen der spirituellen Übung – für die am besten Geübten, für die Geübten mittleren Grades und für die am wenigsten Geübten – in der Form von Wunschgebeten, dass man während des Sterbeprozesses, während des Zustandes zwischen den Leben und während der Wiedergeburt wachsam sein möge. Er spricht im Detail darüber, was wir während jeder Stufe tun sollten. Wir müssen eine angemessene Ebene der spirituellen Übung für den Rest unseres Leben annehmen, so dass wir während des Sterbens jede Stufe erfolgreich durchlaufen.

Wenn Sie mit diesen Übungen nicht vertraut sind, wird es sehr schwer sein, sie erfolgreich anzuwenden, wenn der Tod tatsächlich kommt. Daher ist es jetzt, da Sie noch glücklich und Ihre Lebensumstände harmonisch sind, an der Zeit, sich zu üben und vorzubereiten. Dann wird es zum Zeitpunkt wirklicher Not und Bedrängnis keinen Kummer und keine Unruhe geben. Wenn Sie sich jetzt, da Sie Zeit haben, zuzuhören, nachzudenken, zu meditieren und Fragen zu stellen, nicht vorbereiten, wird es am letzten Tag keine Zeit dafür geben, und Sie werden ohne Schutz und ohne Zuflucht sein und nur Bedauern spüren. Es ist besser, lange vor jener kritischen Zeit mit der kontinuierlichen Übung der Reflexion über den Sterbeprozess und den Zustand zwischen den Leben zu beginnen und sich die einzelnen Stufen vorzustellen, damit diese einem vertraut werden. Das ist sehr wichtig, weil Sie dann, Ihren besten Fähigkeiten entsprechend, Erfolg haben werden.

Das bloße Wissen um den Prozess des Sterbens und der damit verbundenen Übung reicht jedoch nicht aus. Es braucht Monate und Jahre, um damit Vertrautheit zu entwickeln. Wenn Ihr Geist nicht zum jetzigen Zeitpunkt, da die Sinne noch klar sind und die Achtsamkeit sich noch nicht verringert hat, mit dem Weg des Heilsamen vertraut gemacht und darin geübt wird, wird es zum Zeitpunkt des Sterbens für den Geist sehr schwer sein, aus eigenem Antrieb auf einem unbekannten Weg voranzuschreiten. Wenn Sie sterben, könnten Sie durch Krankheiten körperlich geschwächt und aufgrund fürchterlicher Ängste geistig deprimiert sein. Daher ist es nötig, sich schon jetzt mit den Übungen vertraut zu machen. Es gibt keinen Ersatz dafür und keine Pille, die Sie stattdessen nehmen könnten.

Wie groß die Anstrengung ist, diese Übungen zu verstehen, hängt von der inneren Motivation ab. Diese erwächst aus der Überzeugung, dass Erfahrungen von Freude und Schmerz in direktem Zusammenhang mit den eigenen heilsamen und unheilsamen Handlungen stehen. Somit ist es wichtig, am Anfang ein Verständnis von der Ursache und Wirkung von Handlungen (Karma) zu entwickeln und zu wissen, dass gute Handlungen von einem gezähmten Geist hervorgerufen werden und schlechte Handlungen von einem ungezähmten Geist. Obwohl die heilsamen und unheilsamen Handlungen mit dem Körper, der Sprache und mit dem Geist ausgeführt werden, ist von diesen Dreien der Geist das Wichtigste. Daher ist die Wurzel buddhistischer Übung die Umwandlung des Geistes. Die buddhistischen Lehren betonen den gezähmten Geist, und die

Grundlage dieser Lehren ist die Einsicht, dass Sie selbst der Schöpfer Ihrer eigenen Freuden und Ihrer eigenen Schmerzen sind. Daher sagte Buddha:

> Die Buddhas können weder schlechte Handlungen mit
> Wasser wegwaschen,
> Noch die Leiden der Lebewesen mit ihren Händen beseitigen,
> Noch ihre Erkenntnis auf andere übertragen.
> Die Lebewesen werden befreit durch die Lehren über die
> Wahrheit, die Natur der Dinge.

Sie sind Ihr eigener Beschützer. Wohlergehen und Nichtwohlergehen liegen in Ihren Händen.

DIE ÜBERTRAGUNGSLINIE DER PANCHEN LAMAS

Der Erste Panchen Lama, der Lobsang Chökyi Gyaltsen hieß, war im siebzehnten Jahrhundert ein Lehrer des Fünften Dalai Lama. Obwohl er ein gewöhnlicher Mönch war, wurde er schon von seinem eigenen Lehrer und von den Menschen in seiner Heimat als eine Inkarnation des großen tibetischen Yogi Ensaba angesehen. Er mag zwar nicht der größte Gelehrte gewesen sein, aber er war ein großartiger Praktizierender. Wie sein Lehrer Sangye Yeshe hatte er aufrichtigen Respekt für die anderen Übertragungslinien der buddhistischen Praxis und Übung. In den Gesammelten Werken seines Lehrers können wir religiöses Vokabular von anderen Traditionen erkennen, und diese Offenheit muss Panchen Lobsang Chökyi Gyaltens eigene Übung beeinflusst haben. Er hat zweifellos einen großen Beitrag für den gegenseitigen Respekt und die Harmonie zwischen den verschiedenen tibetischen Schulen des Buddhismus geleistet.

Der letzte Panchen Lama, Lobsang Trinley Lhundrup Chökyi Gyaltsen, der zehnte in der Linie der Reinkarnationen, starb 1989. Er und ich wurden beide in der nordöstlichen Provinz Amdo in Tibet geboren. Zu der Zeit, da er als die Wiedergeburt seines Vorgängers ausgewählt wurde, gab es eine kleine Meinungsverschiedenheit. Die Beamten seines Klosters in Shigatse, das in Westtibet liegt, befanden sich in der Provinz Amdo, welches im Einflussbereich eines moslemischen Kriegsherren lag. Die Beamten entschieden, dass der Junge die wirkliche Reinkarnation des Neunten Panchen Lama war. Im Siebzehnpunkte-Abkommen, das die chinesische Regierung durchsetzte, um eine Beziehung zu Tibet herzustellen, wiesen die Chinesen darauf hin, oder besser beharrten darauf, dass die tibetische Regierung diesen Jungen, der bereits in ihren Händen war, als den zehnten Panchen Lama anerkannte. So war seine Anerkennung ein wenig umstritten, doch er bewies, dass er ein großer Held war, tapfer im Dienst für den tibetischen Buddhismus und für die tibetischen Menschen. Daran gibt es keinen Zweifel.

Als ich ihn zum ersten Mal im Jahre 1952 traf, war er sehr unschuldig, sehr aufrichtig und sehr klug. 1954, in dem Jahr, als wir beide nach China reisten, kam er vorher aus Westtibet nach Lhasa, um sich mit mir einige Tage in der Hauptstadt aufzuhalten. Er reiste dann über die Provinz Amdo nach China, und ich ging über Kongpo. Seine Haltung änderte sich dann ein wenig, vielleicht wegen der Verstimmung einiger seiner Beamten.

1956, während der 2500-Jahr-Feier von Buddhas Geburtstag, zu der wir beide in Indien waren, gab es dafür immer noch kleinere Hinweise. Da 1957 und 1958 in den beiden östlichen Provinzen Amdo und Kham sehr traurige Ereignisse – Kämpfe mit chinesischen Truppen – stattfanden, drangen Informationen über Gräueltaten der chinesischen Armee auch bis zu ihm. Da wurde ihm, vielleicht etwas zu spät, sehr klar, dass sich ganz Tibet vereinigen und gemeinsam gegen diese neue Bedrohung wehren musste. Als ich gerade meine akademische Abschlussprüfung machte, sandte er einen vertrauten Mönchsbeamten, der mir erklärte, dass sich das Denken des Panchen Lama nach diesen aktuellen Neuigkeiten aus der Gegend seines eigenen Geburtsortes sehr geändert habe. Angesichts dieser neuen Bedrohung hatte er beschlossen, dass sein Kloster in Shigatse mit der tibetischen Regierung zusammenarbeiten sollte.

Nach meiner Flucht aus Tibet nach Indien im Jahre 1959 nahm der Panchen Lama meinen Platz als Führer innerhalb Tibets ein und hat die nächsten Jahre hervorragend agiert. Schließlich wurde er unter Hausarrest gestellt und dann verhaftet. Nachdem er wieder frei gekommen war, nutzte er die Gelegenheiten auf kluge Art und unternahm jede Anstrengung, um die Lage für die buddhistische Religion und tibetische Kultur zu verbessern. Mit „klug" meine ich, dass er keine brisanten Themen wie die Unabhängigkeit Tibets berührte, sondern all seine Energie darauf richtete, den Buddhismus und die tibetische Kultur zu bewahren. Manchmal hat er sogar öffentlich Tibeter getadelt, die nur chinesische Kleidung trugen und nur Chinesisch sprachen. Man drängte diese Tibeter dazu, tibetische Kleidung zu tragen und Tibetisch zu sprechen. Mit solchen Handlungen bewies er sich.

Sein Tod kam sehr plötzlich und zur Unzeit. So lange er am Leben war, gab es einen Tibeter, der als Leitfigur innerhalb des Landes im Namen des Volkes sprach, während ich dem Land von außen, so gut es ging, diente. Nachdem wir ihn verloren haben, gibt es nun niemanden in Tibet, der das leisten kann, was er geleistet hat. Die Menschen sind entweder zu alt oder haben zu viel Angst. Sein Tod war ein großer Verlust.

Nachdem er verstorben war, habe ich in einer Nachricht an die chinesische Regierung mitgeteilt, dass ich eine spirituelle Delegation zu schicken wünsche, die einige Opferungen in seinem Kloster darbringen sollte. Das wurde aber abgelehnt. Nach einigen Jahren bat ich die chinesische Regierung, einer spirituellen Delegation die Erlaubnis zu erteilen, die Reinkarnation des Panchen Lama zu suchen. Auch dies wurde abgelehnt.

Es war offensichtlich für mich, dass der springende Punkt die Authentizität der Reinkarnation des Panchen Lama war. Zu dieser Zeit meinten einige Tibeter die Reinkarnation müsse außerhalb des besetzten Tibet gefunden werden. Ich habe dies jedoch als politisch motiviert eingeschätzt. Es ging doch darum, die authentische Reinkarnation zu finden, ob nun innerhalb oder außerhalb Tibets. Falls die Reinkarnation in Tibet gefunden würde, wusste ich, dass es notwendig sein werde, dies mit der chinesischen Regierung zu besprechen. Und so wollte ich eine spirituelle Delegation auf die Suche schicken.

Diese Bitte wurde abgeschlagen. In der Zwischenzeit entwickelte ich auf inoffiziellem und privatem Weg einen Kontakt mit dem Lama Chadrel Rinpoche, der eine Liste mit über fünfundzwanzig Kandidaten zusammen mit einigen Photos schickte. Sobald ich das Foto von Gendun Chökyi Nyima sah, hatte ich ein Gefühl von Affinität und Vertrautheit. Ich habe einige Wahrsagungen durchgeführt, die sehr positiv für ihn waren. Schließlich führte ich eine Weissagung durch, indem ich eine Schale mit Teigbällchen kreisen ließ, in welche die Namen der Endkandidaten auf Papierstreifen eingerollt waren. Es war, als ob sein Bällchen aus der Schale heraus flog. Mit Hilfe dieser Schritte kam ich zu der Entscheidung, dass er die Wiedergeburt des Zehnten Panchen Lama ist.

Ich machte dies jedoch noch nicht öffentlich bekannt. Die Zeit verging, und immer mehr Tibeter, besonders innerhalb Tibets, drängten mich dazu, eine Entscheidung zu treffen. Ich versuchte weiterhin, mich mit der chinesischen Regierung in Verbindung zu setzen, aber ohne Erfolg. Schließlich dachte ich, es wäre angemessen, die Nachricht an dem Tag bekannt zu geben, an dem Buddha zum ersten Mal die Lehren zum Kalachakra – oder dem Rad der Zeit – gegeben hatte, mit denen der Panchen Lama besonders verbunden war. Ich führte eine weitere Weissagung mit Hilfe der Teigbällchen durch, ob ich die Nachricht bekannt geben sollte, oder nicht. Sie war positiv.

Ich gab es nun öffentlich bekannt, und am nächsten Tag erhielt ich eine schwere Rüge von unseren Gebietern, der chinesischen Regierung. Was aber wirklich entsetzlich war, war, dass die junge Reinkarnation, zusammen mit seinen Eltern, von seinem Geburtsort nach Lhasa und von dort nach China gebracht wurde, und dass es seither keine Nachrichten von ihnen gibt. Darüber bin ich sehr traurig, da die Auswirkungen meiner aus chinesischer Sicht gesetzeswidrigen Handlungen von dem Kind getragen werden müssen.

Die Chinesen meinen, die endgültige Autorität zu besitzen. So etwas ist schon einige Male in der tibetischen Geschichte vorgekommen, als es innere Meinungsverschiedenheiten zwischen verschiedenen Gruppen der tibetischen Gemeinschaft über eine bereits eingeschränkte Auswahl an Kandidaten gab. Die Gruppen wandten sich an den chinesischen Kaiser, der sowohl Buddhist als auch ein Förderer des tibetischen Buddhismus war, damit dieser die endgültige Wahl vor einem Bildnis des Buddha Shakyamuni treffe und mittels einer goldenen Urne, aus der ein Name gezogen wurde, der auf einem Holzstäbchen geschrieben war. Doch in diesen Fällen lösten die Tibeter eine kirchliche Streitfrage auf religiöse Weise.

Mein Vorgänger, der Dreizehnte Dalai Lama, wurde einstimmig von der tibetischen Regierung nach den üblichen internen Verfahren ohne irgendwelche externen Konsultationen bestimmt. Als er über den Neunten Panchen Lama befragt wurde, gab er seine Auswahl aus den Kandidaten bekannt. Er war aber zu jung, um vollständige Autorität zu besitzen. Da die Tibeter immer zum einfacheren Weg tendieren, haben sie sich für eine externe Konsultation mit Hilfe der goldenen Urne entschieden. Dies wurde vom chinesischen Botschafter ausgeführt. Es wurde jedoch genau der Name aus der goldenen Urne gezogen, für den der Dreizehnte Dalai Lama seine starke Empfehlung gegeben hatte.

Da die Tibeter dem chinesischen Kaiser vertrauten, ist es natürlich, dass sie diesen ihren Gönner und Unterstützer in gewisse wichtige religiöse Angelegenheiten einbezogen haben. Doch die Situation hat sich heute mit der gegenwärtigen chinesischen Regierung völlig verändert: Deren vorrangiges Ziel ist die Kontrolle. Hinsichtlich des jetzigen Panchen Lama führten sie eine Weissagung mittels der goldenen Urne durch, um ihre eigene Wahl für einen anderen, neuen Panchen Lama zu treffen. Der Ausgang war jedoch vorherbestimmt – sie ließen den Kandidaten und seine Eltern bereits im Tempel auf die öffentliche Bekanntmachung warten. Dann setzte die chinesische Regierung den Mönch, der als der Repräsentant des tibetischen Buddhismus das Holzstäbchen aus der Urne gezogen hatte, unter Hausarrest. Das ist zweifelsohne Totalitarismus.

Dennoch hatte ich zwei- oder dreimal die Gelegenheit, Videoaufzeichnungen von Gyaltsen Norbu, dem offiziellen Panchen Lama der chinesischen Regierung, zu sehen, und er scheint in Ordnung zu sein. Auf einem Video führte er eine Belehrung im Zusammenhang mit einer Langlebenszeremonie durch. Er konnte das Ritual auswendig und erklärte die Bedeutung dieses Rituals für ein langes Leben sehr gut.

Überblick über das Gedicht

Das siebzehnstrophige Gedicht des Ersten Panchen Lama ist ein Leitfaden für spezielle buddhistische Übungen, um die Angst vor dem Tod zu überwinden und um die Phasen des Sterbens für die spirituelle Weiterentwicklung nutzen zu können.

Es ist meine Hoffnung, dass diese Beschreibung der inneren psychologischen Erfahrungen und körperlichen Veränderungen während des Sterbens hilfreich für die Menschen ist, die sich mit dem Tod und den tieferen Ebenen des Geistes beschäftigen und dass sie eine Informationsquelle für Wissenschaftler ist, die daran interessiert sind, mit buddhistischen Gelehrten und Yogis in Bezug auf die Themen zusammenzuarbeiten, die mit dem Sterben zusammenhängen. Während Wissenschaftler den Geist meistens als ein Produkt des Körpers betrachten, beginnen bestimmte Spezialisten, über den Geist als eine eher unabhängige Größe nachzudenken, die den Körper beeinflussen kann. Es ist offensichtlich, dass starke Gefühle, wie zum Beispiel Hass, Einfluss auf den Körper haben; aber jetzt werden Versuche in Bezug auf bestimmte Übungen des Geistestrainings durchgeführt, wie zum Beispiel der Entwicklung von Glauben, Mitgefühl, einsgerichteter Konzentration, Kontemplation über die Leerheit, oder speziellen Meditationen innerhalb der Nyingma-Tradition des tibetischen Buddhismus. Diese Versuche zeigen, dass geistiges Üben eine selbstständige Funktion ausüben und den Körper beeinflussen, ja ihn sogar unempfindlich machen kann. Ich denke, dass es fruchtbar wäre, auch mit Krankenpflegern, besonders an den Hospizen, über die nahe bevorstehenden Zeichen des Todes zu sprechen.

Die ersten sieben Strophen des Gedichtes des Panchen Lama erklären, wie man sich dem Sterben nähern sollte. Nach einer einführenden Strophe über die Zufluchtnahme zum Buddha, seiner Lehre und der Spirituellen Gemeinschaft (dies wird in diesem Kapitel erläutert), betonen die nächsten beiden Strophen (Drittes Kapitel) die Wichtigkeit, dieses gegenwärtige Leben als eine günstige Gelegenheit für die spirituelle Übung zu betrachten. Sie beschreiben, wie man diese kostbare Situation nutzen kann, indem man über die Vergänglichkeit des gegenwärtigen Augenblicks nachdenkt, um unserer übertriebenen

Anhaftung an flüchtige Erfahrungen den Boden zu entziehen. Die Strophen vier und fünf (Viertes Kapitel) sprechen darüber, eine innere Haltung einzunehmen, die sowohl mit dem überwältigenden Leiden, das möglicherweise mit dem Tod einher geht, als auch mit den Trugbildern, die während des Sterbens auftreten, fertig werden kann. Die sechste und siebte Strophe (Fünftes Kapitel) schildern, wie günstige Bedingungen für den Tod geschaffen werden, indem man sich daran erinnert, was geübt werden soll und indem man in einer heiteren geistigen Verfassung bleibt.

Die nächsten drei Strophen (Sechstes Kapitel) beschreiben ausführlich die Erscheinungen, die während der ersten vier Phasen des Sterbens auftreten und wie man dabei meditieren sollte. Für diesen Abschnitt ist unser Wissen über die Auflösung der physischen Elemente erforderlich, die das Bewusstsein unterstützen, und die damit zusammenhängenden Erfahrungen. Diese bahnen schrittweise den Weg dafür, dass sich drei tiefere, subtile Geistesarten manifestieren. Dies wird in der nächsten Strophe (Siebtes Kapitel) beschrieben. Dieses Kapitel zeigt die Struktur des Körpers und des Geistes gemäß dem Höchsten Yoga-Tantra auf. Die zwölfte und dreizehnte Strophe (Achtes Kapitel) sprechen die abschließende Erfahrung des grundlegenden angeborenen Geistes des klaren Lichtes an. Diese tiefste Ebene des Geistes ist die Grundlage für alles bewusste Leben.

Die letzten vier Strophen (Neuntes und Zehntes Kapitel) beschreiben den Zwischenzustand zwischen dem Tod und dem nächsten Leben und zeigen auf, wie auf die oft beängstigenden Ereignisse zu reagieren ist, die in diesem Zustand vorkommen können. Sie schildern genau, wie die Praktizierenden auf verschiedenen Ebenen versuchen können, ihre nachfolgende Wiedergeburt zu bestimmen.

Diese siebzehn Strophen umfassen die gesamte Vorbereitung auf den Tod: Wie man ungünstige Bedingungen beseitigt und günstige Bedingungen schafft; wie man sich während des Sterbens spirituell übt; und wie man lernt, mit dem Zwischenzustand zwischen den Leben umzugehen und die daraufhin erfolgende Wiedergeburt zu beeinflussen.

Der Beginn des Gedichtes:
Verneigung vor Manjushri

Bevor er mit dem Gedicht beginnt, bringt der Erste Panchen Lama zuerst seine Verehrung für Manjushri, die körperliche Manifestation der Weisheit aller Buddhas, in Form einer Verneigung und Ehrerbietung zum Ausdruck. Der Autor betrachtet Manjushri als ununterscheidbar von seinem eigenen Lama oder Lehrer. Der Grund, warum er Manjushri seine Ehrerbietung darbringt, ist dieser:

Die Grundlage eines guten Todes und eines guten Zwischenzustandes zwischen den Leben, und sogar das Erlangen der Buddhaschaft über eine ununterbrochene Folge von Leben hinweg, ist die erfolgreiche Übung des klaren Lichtes des Todes. Es gibt zwei Klassen der Übung: Mitgefühl und Weisheit. Die Übung des klaren Lichtes während des Todes ist in der Übung der Weisheit mit inbegriffen. Diese Übung ist daher in den stufenweisen Lehren über die tiefgehende Sichtweise der Vereinbarkeit von Erscheinungen mit der Leerheit von inhärenter Existenz enthalten – diese Übertragung geht über Manjushri auf unseren gütigen Lehrer Buddha Shakyamuni zurück. (Die Stufen der Lehren über die unermesslich weiten Motivationen und Handlungen des Mitgefühls wurden auch von Buddha Shakyamuni übermittelt, jedoch über Maitreya und Avalokiteshvara.) Da die erfolgreiche Übung zur Zeit des Todes und des Zwischenzustandes zwischen den Leben hauptsächlich mit dem Faktor der Weisheit beschäftigt ist, bringt der Erste Panchen Lama daher seine Verehrung für Manjushri zum Ausdruck:

Ich verbeuge mich vor dem Lehrer Manjushri.

Nachdem er seine Verehrung gegenüber der Manifestation der Weisheit dargebracht hat, beginnt der Panchen Lama mit dem eigentlichen Gedicht:

Erste Strophe

Bis wir die höchste Erleuchtung erreicht haben, nehmen ich und alle Lebewesen
Im grenzenlosen Raum, ohne Ausnahme, unsere Zuflucht
Zu den vergangenen, gegenwärtigen und zukünftigen Buddhas, zu der Lehre und zu der spirituellen Gemeinschaft.
Mögen wir von den Schrecken dieses Lebens, des Zwischenzustandes und des nächsten Lebens befreit werden.

Aus einer inneren Haltung der Selbsthilfe heraus nehmen Buddhisten Zuflucht zum Buddha als dem Lehrer, zu der Lehre Buddhas (die Zustände der Verwirklichung und die Lehren darüber) als der eigentlichen Zuflucht, und zu der Spirituellen Gemeinschaft als den Leitbildern und Begleitern auf dem spirituellen Weg. Sie entwickeln dabei die Überzeugung, dass das Verinnerlichen der Lehre Schutz vor dem Leiden bieten kann. Sie betrachten diese Drei Juwelen (Buddha, seine Lehre und die Spirituelle Gemeinschaft) als endgültige Zuflucht.

Zuflucht suchen, nur um das eigene Leiden leichter zu machen und um sich selber aus dem Daseinskreislauf zu befreien, erfüllt nicht die Anforderungen einer altruistischen Zufluchtnahme. Diese Perspektive wäre längst nicht weit genug. Die Haltung bei der Zufluchtnahme sollte das Wohl aller Lebewesen beinhalten, ihre Freiheit vom Leiden und ihr Erreichen der Buddhaschaft. Wir sollten uns um die Allwissenheit der Buddhaschaft bemühen, um das Hauptziel zu erreichen – nämlich anderen zu helfen.

Wir sollten alle unzähligen Lebewesen im unendlichen Raum geistig einbeziehen und danach streben, die endgültige (oder höchste) Erleuchtung zu erlangen. Sie geht viel weiter als die Erleuchtung von Praktizierenden mit engerer Ausrichtung, da sie sowohl die Befreiung aus dem Daseinskreislauf als auch das Erlangen von Allwissenheit mit einbezieht. Diese höchste Form der Erleuchtung (endgültiges Nirvana) ist jenseits der Extreme, die uns entweder an das Gefangensein in den sich wiederholenden Runden von Geburt, Alter, Krankheit und Tod (Samsara) ketten oder aber an einen Zustand inaktiven Friedens binden, in dem wir zwar selbst vom Kreislauf des Leidens befreit sind, aber unsere Fähigkeit eingeschränkt ist, anderen zu helfen.

Der Erste Panchen Lama rät seinen Lesern, Zuflucht zum Buddha, zu seiner Lehre und zu der Spirituellen Gemeinschaft zu nehmen, um die höchste Erleuchtung zum Wohle der Lebewesen zu erlangen. Das wird als *kausale Zuflucht* bezeichnet: Man nimmt Zuflucht zu den Drei Juwelen, die in dem geistigen Kontinuum von anderen begründet sind und setzt dabei das Vertrauen besonders in die Befreiung von Leiden und die spirituellen Zustände, die sie dafür verwirklicht haben. Wenn man sich bittend an jene wendet, die die Drei Juwelen besitzen, ruft dies ihr Mitgefühl hervor – nicht indem dieses Mitgefühl erst in jenen entwickelt wird, sondern indem man sich selbst dafür öffnet.

Indem Sie kausale Zuflucht nehmen, üben Sie sich in der Lehre, die von Buddha als dem Lehrer vermittelt wurde und nehmen sich dabei die Spirituelle Gemeinschaft als Vorbild; Sie verwirklichen spirituelle Pfade und viele Ebenen des Aufhörens des Leidens. Auf diese Weise werden Sie selbst zu einem Mitglied der Spirituellen Gemeinschaft hoher Verwirklichung und beseitigen schrittweise sowohl alle Hindernisse für die Befreiung aus dem Daseinskreislauf als auch die Hindernisse für die

Allwissenheit – und werden zu einem Buddha. Sie sind von allen Schrecken und jeder Furcht befreit und haben Allwissenheit erlangt, so dass Sie die Neigungen und Veranlagungen anderer Menschen erkennen und Methoden verstehen, welche diesen helfen werden. Es geht darum, solch eine *resultierende Zuflucht* zu erreichen; deshalb wendet sich diese Strophe bittend an die drei *kausalen* Quellen der Zuflucht, um deren Mitgefühl hervorzurufen.

Die Zuflucht steht am Anfang buddhistischer Übung, daher handelt der erste Wunsch im Gedicht des Panchen Lama davon. Ohne Zuflucht ist der Erfolg der anderen Übungen schwieriger. Allein eine Haltung vollständigen Vertrauens in die Drei Juwelen reicht jedoch noch nicht aus. Buddha sagte: „Ich zeige Dir den Weg zur Befreiung. Ob Du sie erreichst, hängt von Dir selbst ab." Buddha ist lediglich der Lehrer des Weges. Er teilt die Verwirklichung nicht wie ein Geschenk aus. Wir müssen uns selber in ethischem Verhalten, konzentrierter Meditation und Weisheit üben.

Betrachten wir beispielsweise die Rezitation des Mantra *om mani padme hum,* welche durchgeführt wird, um Mitgefühl in einem selbst für alle Arten von fühlenden Wesen zu entwickeln. Nachdem man eine Sitzung beendet, in der man das Mantra einundzwanzig Mal, einhundertundacht oder mehr Mal rezitiert hat, wird der Verdienst dieser Übung gewidmet mit Hilfe eines Gebetes, das im Zusammenhang mit Avalokiteshvara steht, da er die körperliche Manifestation des Mitgefühls aller Buddhas ist:

> Möge ich durch all das Gute, das durch diese Übung
>   entstanden ist,
> Rasch einen Zustand erreichen,
> Der dem von Avalokiteshvara gleichkommt,
> Um allen Lebewesen zu helfen, dasselbe zu erreichen.

Es ist nicht möglich, die Buddhaschaft allein durch das Rezitieren des Mantra *om mani padme hum* zu erreichen. Wenn Sie Ihre Übung jedoch mit wirklicher Uneigennützigkeit und Nächstenliebe verbinden, kann sie als eine *Ursache* für das Erlangen der Buddhaschaft dienen. Wenn Sie einen qualifizierten Lehrer berühren, sehen, ihm oder ihr zuhören, kann das gleichermaßen einen positiven Eindruck hinterlassen, der dabei helfen kann, tiefere spirituelle Erfahrungen zu entfalten. Wenn mein erster Privatlehrer, Ling Rinpoche, und ich uns zu Beginn von eher formellen Zusammentreffen mit der Stirn berührten, oder andere Male ich seine Hand nahm und sie an meine Stirn führte, vermittelte mir das emotional ein starkes und inniges Gefühl, das mit größerem Glauben und Vertrauen verbunden war. Wenn jemand, der Buddha wirklich respektierte und liebte, zu dessen Lebzeiten seine Füße berührte, dann hat das sicherlich einigen Nutzen gebracht. Wenn aber jemand ohne Vertrauen in oder Respekt vor dem Buddha sogar dessen ganzes Bein ergriffen und es gegen seine oder ihre Stirn gepresst hätte, wäre damit wahrscheinlich kein Segen verbunden gewesen. Obwohl natürlich schon etwas auf der Seite des Lehrers oder der Lehrerin benötigt wird, spielt sich die Hauptsache dennoch auf der Seite des Schülers oder der Schülerin ab.

Es gab da einen wirklich wunderbaren Lama aus dem Gebiet Amdo in Tibet, der antwortete, wenn er darum gebeten wurde jemanden zu segnen, indem er seine Hand auf den Kopf des Schülers lege: „Ich bin kein Lama, der Befreiung gewähren kann, indem ich eine Hand – welche die Natur des Leidens hat – auf den Kopf von jemandem lege."

ZUSAMMENFASSUNG

1. Die Motivation für Ihre Übung sollte das Wohl aller Lebewesen sein – deren Freiheit vom Leiden und deren Erreichung der Vollkommenheit. Passen Sie Ihre Motivation stets an das Ziel an, anderen so gut es geht zu helfen. Versuchen Sie wenigstens, keinen Schaden zuzufügen.
2. Buddhas sind die Lehrer des spirituellen Weges. Sie verteilen die Verwirklichung nicht wie ein Geschenk. Wir müssen uns selber täglich in ethischem Verhalten, konzentrierter Meditation und Weisheit üben.

Drittes Kapitel

Die Vorbereitung auf das Sterben

Nicht wissend, dass ich alles hinter mir lassen und fortgehen muss,
Habe ich viele schlechte Handlungen wegen Freunden und Feinden begangen.

BUDDHA

Zweite Strophe

Mögen wir die bedeutungsvolle Essenz aus dieser Lebensgrundlage gewinnen,
Ohne von den sinnlosen Angelegenheiten dieses Lebens abgelenkt zu werden,
Denn dieses gute Fundament, das schwer zu erlangen ist und das sich leicht wieder auflöst,
Stellt eine Wahlmöglichkeit dar zwischen Gewinn und Verlust, zwischen Wohlergehen und Elend.

Um erfolgreich üben zu können, brauchen Sie sowohl innere als auch äußere günstige Bedingungen, und diese haben Sie bereits. So haben wir als Menschen beispielsweise einen Körper und einen Geist, die beide unser Verständnis der Lehren unterstützen. Auf diese Weise haben wir bereits die wichtigste innere Bedingung. Äußerlich brauchen Sie die Übertragung der Lehren und auch die Freiheit, diese anzuwenden und sich darin zu üben. Wenn Sie im Besitz dieser Umstände sind und sich Mühe geben, dann ist Ihnen der Erfolg sicher. Wenn Sie sich jedoch keine

Mühe geben, dann ist dies eine fürchterliche Verschwendung. Sie sollten diese Bedingungen wertschätzen, denn wenn sie nicht vorhanden sind, dann haben Sie noch nicht einmal eine Möglichkeit. Sie sollten Ihre jeweiligen Vorzüge und Ausstattungen wertschätzen.

Sie haben sowohl einen menschlichen Körper als auch die richtigen äußeren Umstände erlangt und können danach streben, sich zu üben. Damit können Sie ein wertvolles Leben führen. Das sollten Sie tun. Es ist jetzt an der Zeit, es zu tun. Wenn Sie mit dieser Gelegenheit an nützlichen und wohltuenden Ursachen arbeiten, können Sie viele wirksame positive Handlungen leisten. Wenn Sie, getrieben von den drei Geistesgiften der Begierde, des Hasses und der Unwissenheit, an negativen Ursachen arbeiten, können sie entsprechend sehr wirksame negative Handlungen leisten.

Für andere Lebewesen, wie zum Beispiel Tiere, die nicht unsere ausgezeichnete menschliche Lebensgrundlage haben, ist es sehr schwer, aus eigener Kraft heraus Tugenden zu entwickeln. Es gibt zwar seltene Fälle, wenn die richtigen äußeren Bedingungen gegeben sind, dass Tiere etwas Positives tun, es ist aber sehr schwer für sie, nachzudenken. Wenn sich die Tiere aus Begierde oder Hass heraus verhalten, dann tun sie dies nur vorübergehend und oberflächlich. Sie sind nicht in der Lage, schlechte körperliche und verbale Handlungen mit großer Kraft oder in großer Mannigfaltigkeit auszuführen. Die Menschen können jedoch sehr viele verschiedene Gesichtspunkte einnehmen und von dort aus nachdenken. Da unsere Intelligenz viel wirkungsvoller ist, können wir Menschen Gutes und Schlechtes in sehr viel größerem Ausmaß vollbringen.

Wenn die Ausstattung mit diesem Menschensein gut genutzt wird, kann dies sehr mächtig und wirksam sein. Wenn Sie sich anstrengen und sich um gute Handlungen bemühen, können die Ziele dieses Lebens und der zukünftigen Leben erreicht werden. Wenn Sie sich keine Mühe geben, können Ihre schlechten Handlungen schreckliche Leiden verursachen. Das ist der Grund dafür, warum es die Menschen sind, die die meisten Errungenschaften zustande gebracht haben, obwohl sich auf diesem Planeten seit seiner Entstehung viele verschiedene Arten von Lebewesen entwickelt haben. Und es sind auch die Menschen, die es gelernt haben, wie man am meisten Angst, Leiden und andere Probleme schafft und sogar den ganzen Planeten mit seiner Zerstörung bedrohen. Das Beste und auch das Schlechteste wird von Menschen vollbracht. Da Sie die körperliche Ausstattung haben, die nötig ist, um Gewinn oder Verlust, Wohlergehen oder Elend zustande zu bringen, müssen Sie wissen, wie man diese richtig nutzt.

Wenn Sie mit Sicherheit wüssten, dass Sie mit dieser Wahlmöglichkeit über eine lange, ununterbrochene Folge von Leben ausgestattet wären, wäre es vielleicht in Ordnung, sie auf unkluge Art in diesem Leben zu nutzen. Das ist jedoch nicht der Fall. Die Veränderlichkeit in jedem Phänomen ist ein Hinweis darauf, dass dieses Phänomen von Ursachen abhängt. Und so ist die im allgemeinen erfahrene Veränderlichkeit unseres Körpers ein Zeichen dafür, dass auch er von Ursachen abhängt. Bestandteile von Ihrer Mutter und Ihrem Vater waren als Ursachen und Bedingungen für Ihren Körper erforderlich. Doch damit das Ei der Mutter und der Samen des Vaters zusammenkommen, sind wiederum andere Ursachen notwendig. Beispielsweise sind diese vom Ei und dem Samen deren Eltern abhängig und so weiter, bis zurück zum Ei und dem Sperma von Lebewesen aus der Zeit, nachdem sich diese Welt gebildet hatte. Jedoch: Wenn das Vorhandensein unseres Körpers aus Fleisch und Blut nur von Ei und Samen abhinge, und da Ei und Samen zum Zeitpunkt des Entstehens dieses Weltensystems nicht vorhanden waren, und da Ei und Samen auch nicht ohne Ursache entstehen (da dies sonst bedeuten würde, dass Ei und Samen überall zu jeder Zeit entstehen müssten, oder aber niemals), dann bedeutet dies, dass es auch noch andere Faktoren für unser Hiersein gibt – und das ist Karma.

Jedes Weltensystem hat eine Phase der Entstehung, des Bestehens, der Auflösung und schließlich eine Phase der Leere. Nach dieser vierteiligen Abfolge bildet sich ein neues Weltensystem aus der Zirkulation der Winde – oder Energien – und aus der daraufhin erfolgenden Entwicklung anderer Elemente. Sowohl in Übereinstimmung mit der momentan gültigen wissenschaftlichen Auffassung als auch der buddhistischen Philosophie gibt es eine Zeit, zu der ein bestimmtes Weltensystem nicht existiert. Der Prozess der Entwicklung eines Weltensystems beginnt in Abhängigkeit von vielen Ursachen und Bedingungen, die selbst wiederum verursachte Phänomene sind. Diese Phänomene müssen entweder von einem Schöpfergott geschaffen werden oder aber durch die Kraft des Karma (der früheren Handlungen) der Lebewesen, die dort geboren werden und die diese Welt nutzen und erfahren werden. Aus buddhistischer Sicht ist es unmöglich, dass etwas, das verursacht und somit vergänglich ist, für seine Erschaffung von der Kontrolle oder schaffenden Kraft einer nicht verursachten und somit fortdauernden und ewigen Gottheit abhängt. Der Prozess der Entstehung der Welt findet vielmehr aufgrund der Kraft des Karma der fühlenden Wesen statt. Die einzige andere Möglichkeit wäre, dass dieser Prozess der Entstehung der Welt nicht verursacht ist, was jedoch absurd ist.

Genauso wie die Welt in Abhängigkeit von Ursachen und Bedingungen geschaffen wird und sich wieder auflöst, ist auch die Lebensqualität der fühlenden Wesen von Ursachen und Bedingungen abhängig. Es ist eine unumstößliche Regel von Ursache und Wirkung, dass, langfristig gesehen, gute Ursachen gute Resultate hervorbringen und schlechte Ursachen schlechte Resultate. Das bedeutet, dass die Ansammlung einer guten Ursache jeder langfristigen guten Wirkung vorausgeht. Ebenso ist es notwendig, eine machtvolle Ursache zu haben, um ein mächtiges Ergebnis hervorzubringen. Im Hinblick auf unsere menschliche körperliche Beschaffenheit – oder Lebensgrundlage – war es notwendig für uns, in früheren Leben die vielfältigen mächtigen Ursachen und Bedingungen anzusammeln, die, jede für sich, die Gestalt, Farbe, Klarheit der Sinne und andere Qualitäten unseres Körpers hervorgebracht haben.

Wenn nach einer positiven Handlung deren Potential ohne Degenerationserscheinungen erhalten bliebe, bis ihre Frucht in diesem oder einem zukünftigen Leben zum Vorschein kommt, dann wäre sie nicht so zerbrechlich. Das ist jedoch nicht der Fall. Vielmehr überwältigt die Entwicklung eines starken negativen geistigen Zustandes wie zum Beispiel Ärger das Potential einer verdienstvollen Handlung, so dass es nicht zur Reifung kommen kann, genau so, als ob man ein Samenkorn versengen würde. Umgekehrt überwältigt die Entwicklung einer starken positiven Haltung das durch negative Handlungen angelegte Potential und verhindert, dass dies *seine* Wirkung hervorbringen kann. So ist es also sowohl notwendig, viele kraftvolle konstruktive Ursachen zustande zu bringen als auch die entgegengesetzten Kräfte zu vermeiden, die den Verfall dieser vorteilhaften Ursachen bewirken würden.

Die guten Handlungen, die für das Ansammeln dieser vorteilhaften Ursachen – oder Potentiale – notwendig sind, gehen aus einem gezähmten Geist hervor, wohingegen schlechte Handlungen aus einem ungezähmten Geist hervorgehen. Gewöhnliche Lebewesen wie wir sind seit anfangsloser Zeit einen ungezähmten Geist gewöhnt. Wenn wir von dieser Neigung ausgehen, dann können wir daraus schließen, dass Handlungen, die wir mit einem ungezähmten Geist ausführen, kräftiger sind und Handlungen, die wir mit einem gezähmten Geist ausführen, schwächer. Sehr wichtig ist es, die Tatsache zu schätzen, dass diese hervorragende Lebensgrundlage unseres jetzigen menschlichen Körpers ein heilsames Ergebnis aus vielen machtvollen guten Handlungen ist, die wir mit einem gezähmten Geist in der Vergangenheit ausgeführt haben. Diese Lebensgrundlage war sehr schwierig zu erlangen. Sie ist sehr selten und daher müssen Sie darauf achten, Sie gut zu verwenden und sich vergewissern, sie nicht sinnlos zu verschwenden. Falls sie nicht so selten wäre und es nicht schwierig wäre, sie zu erreichen, dann bräuchten Sie sich keine Mühe geben. Doch das ist eben nicht der Fall.

Wenn dieser so schwierig zu erreichende Reichtum des menschlichen Körpers stabil und unvergänglich und keinen Verfallserscheinungen ausgesetzt wäre, dann wäre Zeit genug, später davon Gebrauch zu machen. Dieses komplexe System, das unser Leben trägt, ist jedoch zerbrechlich und löst sich aufgrund vieler äußerer und innerer Ursachen leicht wieder auf. Aryadeva sagt in seinen *Vierhundert Versen über die yogischen Taten eines Bodhisattva*, dass, da der Körper einmal abhängt von den vier Elementen der Erde, des Wassers, des Feuers und des Windes, die sich gegenseitig bekämpfen, körperliches Glück bloß ein gelegentliches Gleichgewicht dieser Elemente ist und nicht eine dauerhafte Harmonie. So wird beispielsweise die Wärme zuerst als sehr angenehm empfunden, wenn man friert. Doch dann muss man zu viel Hitze meiden. Das gleiche gilt für Krankheiten: Die Medizin für ein Gebrechen kann mit der Zeit eine andere Krankheit hervorbringen, die dann wieder bekämpft werden muss. Der Körper ist eine Quelle von großen Schwierigkeiten und Komplikationen, und körperliches Glück ist lediglich die zeitweilige Abwesenheit von solchen Problemen.

Unser Körper muss durch grobe Substanzen wie die Nahrung in Gang gehalten werden. Doch wenn wir zu viel essen, dann verwandelt sich genau das, was notwendig ist, um die Gesundheit hervorzurufen, in eine Quelle von Krankheiten und Leiden. In den Ländern, in denen Knappheit an Nahrungsmitteln herrscht, stellen Hunger und der Hungertod die Hauptursachen von Leiden dar. In den Ländern jedoch, in denen Nahrungsmittel in großer Vielzahl und vielen nahrhaften Variationen zur Verfügung stehen, gibt es Leiden aufgrund von zu vielem Essen und Magenverstimmungen. Wenn eine Balance herrscht ohne offenkundige Probleme, dann nennen wir dies „Glück"; doch es wäre dumm zu denken, dass wir frei von Krankheiten wären oder jemals frei von Krankheiten werden könnten. Der Körper, den wir haben, ist ein Zuhause für Probleme. Es ist nicht so, als ob wir in der Abwesenheit von Krankheit, Krieg oder Hunger nicht sterben würden. Es liegt in der Natur des Körpers, sich aufzulösen. Vom Beginn der Zeugung an ist der Körper dem Sterben unterworfen.

Somit stellt dieser menschliche Körper einen unschätzbaren Reichtum dar, mächtig und stark, und dennoch zerbrechlich. Einfach dadurch, dass Sie am Leben sind, befinden Sie sich an einem kritischen Kreuzungspunkt und tragen eine große Verantwortung. In diesem Leben kann für Sie selbst und für andere großes Gutes erreicht werden, und so wäre es eine fürchterliche Verschwendung, von den unbedeutenden Angelegenheiten abgelenkt zu werden. Sie sollten Wunschgebete sprechen, dieses Leben in diesem Körper wirksam zu nutzen und Ihren Lehrer, die Drei Juwelen und andere Quellen dafür um Unterstützung bitten. Auf diese Weise spornen Sie sich von innen heraus an und bitten von außen um Unterstützung. Rezitieren Sie zu diesem Zweck nicht nur die Worte dieser Strophe, sondern denken Sie über deren Bedeutung nach. Das wird dazu führen, dass diese Bedeutung klar in Ihrem Geist zu Tage tritt.

Zusammengefasst: Da dieser Körper, der Ihr Leben trägt, sehr nützlich ist, sehr schwierig zu erlangen war und sich sehr leicht wieder auflöst, sollten Sie ihn zu Ihrem eigenen Nutzen und dem Nutzen anderer einsetzen. Nutzen und Gewinn entstammen einem gezähmten Geist: Wenn Ihr Geist friedlich, entspannt und glücklich ist, dann lassen äußerliche Freuden wie gutes Essen, Kleidung und Unterhaltung die Lage nur noch besser werden, deren Abwesenheit wird Sie aber nicht überwältigen. Wenn Ihr Geist nicht gezähmt und friedlich ist, dann werden Sie von Schrecken, Hoffnung und Angst belastet sein, egal wie wunderbar die äußeren Umstände auch sein mögen. Mit einem gezähmten Geist werden Sie sich an Wohlstand oder Armut, Gesundheit oder Krankheit erfreuen können; Sie werden sogar glücklich sterben können. Mit einem gezähmten Geist ist es wunderbar, viele Freunde zu haben, wenn Sie jedoch keine Freunde haben, dann ist das auch in Ordnung. Die Wurzel Ihres eigenen Glücks und Wohlergehens liegt in einem friedlichen und gezähmten Geist.

Auch im Hinblick auf andere – Ihre Freunde, Ehepartner, Eltern, Kinder und Verwandte – wird das Leben angenehmer, wenn Sie einen friedlichen und gezähmten Geist haben. Ihr Zuhause ist ruhig und alle, die dort leben, genießen ein ausgezeichnetes Gefühl der Entspannung. Wenn andere Menschen Ihre Wohnung betreten, verspüren sie ein Gefühl des Glücks. Wenn Ihr Geist nicht friedlich und gezähmt ist, werden Sie nicht nur immer wieder zornig werden, sondern andere Menschen, die durch Ihre Türe eintreten, werden sofort spüren, dass an diesem Ort viele Kämpfe stattfinden und dass Sie häufig aufgebracht sind.

Da es zu Glück führt, wenn man den Geist zähmt, und da es Leiden bringt, wenn man dies nicht tut, nutzen Sie Ihr Leben dazu, die Anzahl von ungezähmten Haltungen und Einstellungen zu reduzieren – wie zum Beispiel Feinde zu kontrollieren, Freunde zu unterstützen, Geldgewinn zu vermehren und ähnliches – und Ihren Geist so gut es geht zu zähmen oder zu schulen. Das ist der Weg, um die sinnvolle Essenz dieses kostbaren und zerbrechlichen Körpers zu gewinnen.

ZUSAMMENFASSUNG

1. Erkennen Sie den Wert des menschlichen Körpers, mit dem Sie ausgestattet sind, denn er ist das Ergebnis vieler vergangener guter Ursachen. Würdigen Sie die Tatsache, dass Lehren verfügbar sind und angewandt werden können.
2. Nutzen Sie jetzt dieses kostbare menschliche Leben gut, da es sehr zerbrechlich ist und wirkungsvoll auf vorteilhafte oder schädliche Weise eingesetzt werden kann.
3. Körperliches Glück ist nur ein gelegentliches Gleichgewicht der Elemente im Körper und keine tiefergehende Harmonie. Verstehen Sie das Vergängliche als das, was es ist.
4. Ein gezähmter Geist lässt Sie friedlich, entspannt und glücklich werden. Wenn Ihr Geist jedoch nicht friedlich und gezähmt ist, dann werden Sie von Schrecken und Sorgen heimgesucht werden, egal wie hervorragend Ihre äußeren Umstände sein mögen. Erkennen Sie, dass die Wurzeln Ihres eigenen Glücks und Wohlergehens in einem friedlichen und gezähmten Geist liegen. Solch ein Geist ist auch für die Menschen in Ihrem Umfeld von großem Nutzen.

Dritte Strophe

Mögen wir klar erkennen, dass es keine Zeit zu verschwenden gibt,
Da der Tod gewiss, der Todeszeitpunkt jedoch ungewiss ist.
Was sich versammelt hat, wird auseinandergehen, was angesammelt wurde, wird restlos aufgebraucht werden.
Am Ende des Aufstiegs kommt der Fall, das Ende jeden Lebens ist der Tod.

Seit anfangsloser Zeit stehen wir unter dem Einfluss der Illusion der Beständigkeit, und so denken wir, dass immer noch viel Zeit bleibt. Das setzt uns der großen Gefahr aus, unser Leben durch Aufschieben zu verschwenden. Um dieser Tendenz entgegenzuwirken, ist es wichtig, über die Vergänglichkeit zu meditieren, über die Tatsache, dass der Tod jeden Augenblick kommen kann.

Obwohl es keine Gewissheit gibt, dass Sie heute Nacht sterben *werden*, so würdigen Sie, wenn Sie ein Gewahrsein über den Tod entwickeln, dennoch die Tatsache, dass Sie heute Nacht sterben *könnten*. Wenn Sie nun etwas tun können, was sowohl in diesem als auch im nächsten Leben hilfreich sein wird, werden Sie dem den Vorrang geben vor etwas, das nur in diesem Leben auf oberflächliche Weise hilfreich sein wird. Da der Zeitpunkt des Todes ungewiss ist, werden Sie außerdem davon Abstand nehmen, etwas zu tun, das sowohl Ihrem jetzigen als auch Ihren zukünftigen Leben schaden wird. Indem sich dieses Gefühl der Vorsicht entwickelt, werden Sie mehr danach streben, keine ungünstigen Bedingungen und Neigungen durch unkontrollierte Handlungen anzusammeln. Sie werden sich angespornt fühlen, je nach Ihren Fähigkeiten Haltungen zu entwickeln, die als Gegenmittel für die verschiedenen Arten eines ungezähmten Geistes fungieren können. Ob Sie dann einen Tag, eine Woche, einen Monat oder ein Jahr lang leben – diese Zeit wird von Bedeutung sein; Ihre Gedanken und Handlungen werden darauf beruhen, was auf lange Sicht hin nützlich ist, und diese werden um so nützlicher sein, je länger Sie leben werden.

Wenn Sie im Gegensatz dazu unter den Einfluss der Illusion der Dauerhaftigkeit geraten und Ihre Zeit mit Dingen verbringen, die nicht tiefer als an die Oberfläche dieses Lebens gehen, dann werden Sie großen Verlust erleiden. Deshalb lenkt der Panchen Lama in dieser Strophe unsere Aufmerksamkeit auf den Wert, den es hat, wenn wir so leben, dass jeder Augenblick zählt.

Was mich selbst betrifft, bin ich – Jahrgang 1935 – schon alt. Ich bin der älteste der dreizehn Dalai Lamas, die es vor mir gab, vom Ersten Dalai Lama, Gendun Drup, abgesehen, der bis in seine achtziger Jahre lebte. Der Fünfte Dalai Lama lebte bis zu seinem sechsundsechzigsten Jahr. Ich bin älter als er – ich bin ein alter Mann! Dennoch habe ich aufgrund der neueren Entwicklungen in medizinischen Behandlungen und verbesserter Lebensbedingungen etwas Hoffnung, noch bleiben zu können, bis ich achtzig oder neunzig Jahre alt bin. Doch es ist klar, dass ich früher oder später sterben muss. Wir Tibeter glauben sogar daran, dass wir die Länge unserer Lebensspanne mit der Hilfe von Ritualen verlängern können. Ich bin mir aber nicht sicher, ob diejenigen, die diese Rituale ausführen, wirklich länger leben. Um ein Ritual für ein langes Leben durchzuführen, ist es notwendig, innerhalb konzentrierter Meditation eine stabile Visualisation aufrechtzuerhalten. Zudem ist es notwendig, die Leerheit von inhärenter Existenz zu verstehen, da es die Weisheit selbst ist, die sich als unser vorgestelltes, ideales Selbst manifestiert. Ebenso ist es notwendig, Mitgefühl zu haben und die altruistische Absicht, erleuchtet zu werden. Diese Grundvoraussetzungen machen Meditationen für ein langes Leben schwierig.

Unsere Geisteshaltungen der Beständigkeit und der Selbstliebe, die wir in unserem Herzen hegen, als ob sie das Zentrum des Lebens wären, treiben uns letztlich in den Ruin. Daher ist die Meditation über die Unbeständigkeit, über die Leerheit von inhärenter Existenz und über das Mitgefühl äußerst fruchtbar. Ohne diese werden Rituale für ein langes Leben oder dergleichen nicht helfen. Deshalb hat Buddha betont, dass Weisheit und Mitgefühl die beiden Flügel des Vogels sind, der zur Erleuchtung fliegt. Diese beiden sind die Wege, um die Geisteshaltungen der Beständigkeit und der Anhaftung am Ich zu bekämpfen, die seit anfangsloser Zeit unsere Bestrebungen für dauerhaftes Glück untergraben haben.

Als ich fünfzehn oder sechzehn Jahre alt war, habe ich die Stufen auf dem Weg zur Erleuchtung studiert und mit einer Art von Meditation begonnen, um diese Stufen zu entwickeln. Ich begann auch damit, Belehrungen zu geben, während derer ich mehr und mehr analytische Meditation durchführen musste, da Lehren und analytische Meditation Hand in Hand gehen. Das Thema des Gewahrseins über den Tod ist um drei Wurzeln, neun Gründe und drei Entscheidungen herum angeordnet:

Erste Wurzel: Kontemplation über die Tatsache, dass der Tod gewiss ist,
1. da der Tod zweifellos kommen wird und daher nicht vermieden werden kann;
2. da unsere Lebensspanne nicht verlängert werden kann und unaufhörlich abnimmt;
3. da es nur sehr wenig Zeit für die Übung gibt, selbst wenn wir am Leben sind.

Erste Entscheidung: Ich muss praktizieren.

Zweite Wurzel: Kontemplation über die Tatsache, dass der Zeitpunkt des Todes ungewiss ist,
4. da unsere Lebensspanne in dieser Welt ungewiss ist;
5. da es sehr viele Todesursachen und nur wenige Ursachen für das Leben gibt;
6. da der Zeitpunkt des Todes ungewiss ist aufgrund der Zerbrechlichkeit unseres Körpers.

Zweite Entscheidung: Ich muss jetzt praktizieren.

Dritte Wurzel: Kontemplation über die Tatsache, dass zum Todeszeitpunkt nichts hilft außer der Praxis und der Übung,
7. da uns zum Zeitpunkt des Todes unsere Freunde nicht helfen können;
8. da uns zum Zeitpunkt des Todes unser Reichtum nicht helfen kann;

9. da uns zum Zeitpunkt des Todes unser Körper nicht helfen kann.

Dritte Entscheidung: Ich werde mich in der Nichtanhaftung an die wunderbaren Dinge dieses Lebens üben.

Es liegt in der Natur des Daseinskreislaufes, dass das, was sich zusammengefunden hat, schließlich wieder auseinandergehen wird – Eltern, Kinder, Brüder, Schwestern und Freunde. Es spielt keine Rolle, wie sehr sich Freunde lieben, am Ende werden sie sich trennen müssen. Lehrer und Schüler, Eltern und Kinder, Brüder und Schwestern, Ehemänner und Ehefrauen, und Freunde – gleichgültig wer sie sind – müssen schließlich auseinandergehen.

Als mein erster Privatlehrer, Ling Rinpoche, noch gesund war, war es für mich beinahe unmöglich und unerträglich, über seinen Tod nachzudenken. Für mich war er immer wie ein fester Felsen, auf den ich mich verlassen konnte. Ich fragte mich, wie ich ohne ihn überleben könnte. Aber nachdem er einen Schlaganfall erlitt, worauf ein zweiter und sehr gefährlicher Schlaganfall folgte, erlaubte mir die Situation schließlich, dass ein Teil meines Geistes dachte: „Jetzt wäre es besser für ihn zu gehen." Manchmal denke ich sogar, dass er diese Krankheit absichtlich auf sich genommen hat, so dass ich, als er tatsächlich starb, vorbereitet war, die nächste Aufgabe zu meistern – seine Reinkarnation zu suchen.

Wir müssen uns nicht nur von unseren Freunden trennen – auch unser Reichtum und unsere Ressourcen – egal wie wunderbar diese auch sein mögen – werden schließlich unbrauchbar. Wie hoch auch Ihr sozialer Status oder Ihre Position sein mag, Sie werden schließlich fallen müssen. Um mich selbst genau daran zu erinnern, wenn ich einen hohen Thron besteige, von dem aus ich lehre, rezitiere ich für mich in dem Moment, wo ich mich hinsetze, die Worte aus dem *Sutra des Diamantenschleifers* über die Vergänglichkeit:

> Betrachte die Dinge, die aus Ursachen zusammengesetzt sind,
> Wie einen funkelnden Stern, wie ein Phantasieprodukt,
>   das man aufgrund einer Augenkrankheit sieht,
> Wie das flackernde Licht einer Butterlampe, wie eine magische Täuschung,
> Wie Tau, Seifenblasen, Träume, Blitze oder Wolken.

Ich denke dabei über die Zerbrechlichkeit von verursachten Phänomenen nach und schnipse dann mit meinen Fingern: Der kurze Ton symbolisiert die Vergänglichkeit. So erinnere ich mich daran, dass ich bald von dem hohen Thron wieder herabsteigen werde.

Jedes Lebewesen, egal wie lange er oder sie lebt, muss schließlich sterben. Es gibt keinen anderen Weg. Sobald Sie sich einmal innerhalb des Daseinskreislaufes befinden, können Sie nicht außerhalb seiner Natur und Beschaffenheit leben. Wie wunderbar die Dinge auch sein mögen, es liegt in ihrer Natur begründet, dass sie sich und auch Sie, die Sie sich daran erfreuen, am Ende werden auflösen müssen.

Sie müssen am Ende nicht nur sterben, sondern Sie wissen noch nicht einmal, wann das Ende kommen wird. Falls Sie es wüssten, dann könnten Sie es verschieben, sich auf die Zukunft vorzubereiten. Selbst wenn es Anzeichen dafür gibt, dass Sie ein reifes hohes Alter erreichen werden, können Sie nicht mit hundertprozentiger Sicherheit sagen, dass Sie heute nicht sterben werden. Sie sollten die Sache nicht vor sich herschieben. Sie sollten vielmehr Vorbereitungen treffen, so dass Sie kein Bedauern empfänden, selbst wenn Sie heute Nacht sterben müssten. Wenn Sie eine Wertschätzung für die Ungewissheit und für das nahe Bevorstehen des Todes entwickeln, wird Ihr Gefühl für die

Wichtigkeit der sinnvollen Nutzung Ihrer Zeit stärker und stärker werden. So sagt der tibetische Gelehrten-Yogi Tsongkhapa:

> Wenn man einmal die Schwierigkeit verstanden hat, diesen menschlichen Körper zu erlangen, dann gibt es keine Möglichkeit mehr, tatenlos herumzustehen.
> Wenn die großartige Bedeutung dieses menschlichen Körpers gesehen wird, dann ist das sinnlose Vergeuden von Zeit ein Grund zur Sorge.
> Wenn man über den Tod nachdenkt, dann trifft man Vorbereitungen, um zum nächsten Leben zu gehen.
> Wenn man über Handlungen und ihre Wirkungen nachdenkt, dann werden Quellen der Unachtsamkeit vermieden.
> Wenn auf diese Weise die vier Wurzeln stark geworden sind,
> Dann wachsen andere positive Übungen mit Leichtigkeit.

Über den Tod nachzudenken dient nicht nur der Vorbereitung für das Sterben und veranlasst zu Handlungen, die für zukünftige Leben von Vorteil sind, sondern es beeinflusst auch Ihre geistige Ausrichtung auf dramatische Weise. Wenn Menschen nicht an diese Übung gewöhnt sind, an die Todesgewissheit zu denken, dann spüren beispielsweise deren Freunde und Familienmitglieder, dass sie mit ihnen nicht aufrichtig sein können, wenn es offensichtlich ist, dass sie alt sind und bald sterben werden und meinen sogar, ihnen Komplimente über ihr äußerliches Aussehen machen zu müssen. Beide Seiten wissen, dass das eine Lüge ist. Es ist lächerlich!

Manchmal vermeiden sogar Patienten, die an unheilbaren Krankheiten leiden, die Worte „sterben" oder „Tod". Es ist dann unmöglich für mich, mit ihnen über ihren baldigen Tod zu sprechen. Sie sträuben sich dagegen, etwas davon zu hören. Aber für jemanden, der noch nicht einmal dem Wort „Tod" ins

Auge sehen kann, von seiner Wirklichkeit ganz zu schweigen, wird dann das tatsächliche Eintreffen des Todes wahrscheinlich großes Unbehagen und Angst mit sich bringen. Wenn ich auf der anderen Seite einen Praktizierenden treffe, der sich geübt hat und der dem Tod nahe steht, zögere ich nicht zu sagen: „Ob Du nun stirbst oder Dich wieder erholen wirst, Du musst Dich auf beides vorbereiten." Es ist für uns beide möglich, über das nahe Bevorstehen des Todes nachzudenken. Es gibt keine Notwendigkeit, irgendetwas zu verbergen, da dieser Mensch vorbereitet ist, dem Tod ohne Bedauern zu begegnen. Ein Übender, der oder die schon früh über die Vergänglichkeit nachdenkt, ist viel mutiger und glücklicher beim Sterben. Das Nachdenken über die Ungewissheit des Todes bringt einen friedvollen, disziplinierten und heilsamen Geist hervor, da er sich mit mehr befasst als nur mit den Oberflächlichkeiten dieses kurzen Lebens.

ZUSAMMENFASSUNG

1. Wenn Sie ein Gefühl für die Ungewissheit des Todeszeitpunktes entwickeln, werden Sie Ihre Zeit besser nutzen.
2. Um die spirituelle Übung nicht aufzuschieben, bemühen Sie sich darum, nicht unter den Einfluss der Illusion der Dauerhaftigkeit zu gelangen.
3. Erkennen Sie, dass, egal wie wunderbar eine Situation auch sein mag, ihre Natur so ist, dass sie enden muss.
4. Denken Sie nicht, dass später auch noch Zeit sein wird.
5. Schauen Sie aufrichtig Ihrem eigenen Tod in die Augen. Ermutigen Sie andere, ehrlich mit ihrem Tod umzugehen. Täuschen Sie einander nicht mit Komplimenten, wenn der Zeitpunkt des Todes nahe ist. Ehrlichkeit und Aufrichtigkeit hingegen werden Mut und Freude begünstigen.

Viertes Kapitel

Das Beseitigen der Hindernisse für einen günstigen Tod

Obwohl Du festhältst, kannst Du nicht bleiben.
Was für einen Nutzen hat es,
Darüber erschreckt und verängstigt zu sein,
Was unabänderlich ist.

Buddha

Vierte Strophe

Mögen wir befreit werden von dem überwältigenden Leiden, das durch die verschiedenen Todesursachen hervorgerufen wird,
Wenn in dieser Stadt der irrigen Konzepte von Subjekt und Objekt
Der illusorische Körper, der aus den vier unreinen Elementen zusammengesetzt ist,
Und das Bewusstsein dabei sind, sich zu trennen.

Beginnen Sie so früh wie möglich in Ihrem Leben damit, Vertrautheit mit heilsamen Geisteszuständen zu gewinnen. Wenn Sie über diese Fähigkeit verfügen, dann wird es Ihnen möglich sein, den Geist sogar während des Sterbens auf Heilsames zu lenken. Es kann jedoch sein, dass Sie während des Sterbens von den unerträglichen Schmerzen einer schrecklichen Krankheit überwältigt werden; oder Sie erleiden einen verfrühten Tod durch einen Unfall oder einen Überfall; oder Sie sind nicht in der Lage, Ihre Lebensspanne auszuschöpfen, da sich Ihr Verdienst erschöpft hat und Sie Ihren Vorrat an gutem Karma, der dieses Leben in Gang hält, aufgebraucht haben. Diese Umstände könnten Ihre lange Übung mit heilsamen Geisteszuständen undurchführbar werden lassen (obwohl das nicht unbedingt so sein muss). Das Leiden selbst könnte so viel Entsetzen hervorrufen, dass eine heilsame Kontemplation unmöglich wird, außer für diejenigen, die sich bis zu einer hohen Stufe geschult haben und die über große Kräfte der konzentrierten Meditation verfügen. Daher ist es wichtig, jetzt Wunschgebete zu sprechen, frei von solch überwältigendem Schmerz und Furcht zu sein und auf entspannte Weise sterben zu können. Dies erlaubt der von Ihnen kultivierten heilsamen Einstellung, stark zu sein; Sie werden in der Lage sein, mit größerem Verständnis zu sterben.

Da der Tod die Trennung von Körper und Geist zur Folge hat, ist es wichtig, die Natur des „Ich" zu erkennen, das sich auf die körperlichen und geistigen Aggregate stützt. Das Ich ist bestimmt durch die Zuschreibung zu einem Körper-Geist-Kontinuum. Der Körper, den wir besitzen, ist eine unreine Entität und wird durch die vier Elemente der Erde, des Wassers, des Feuers und des Windes gebildet. Ein solcher Körper ist Anlass für Schmerzen selbst aufgrund von geringfügigen Ursachen, und er ist wie eine Illusion sowohl in dem Sinne, dass er in einem Moment noch da, im nächsten Moment aber schon verschwunden ist, als auch in dem Sinne, dass er als inhärent, als unabhängig existent erscheint, in Wirklichkeit aber leer von solcher inhärenter (unabhängiger) Existenz ist. Er erscheint sauber, wenn er gewaschen wird, und als glückbringend, dauerhaft und unter Ihrer Kontrolle stehend; damit wohnt der Körper sozusagen in einer Stadt fehlerhafter Auffassungen über die Natur des Bewusstseins und über die Gegenstände dieses Bewusstseins.

Die „Stadt der irrigen Konzepte" in der vierten Strophe bezieht sich auf den Daseinskreislauf. Sie wird durch Handlungen (Karma) aufgebaut, die unter dem Einfluss der leidbringenden

Emotionen stehen. Leidbringende Emotionen entspringen ihrerseits aus der Unwissenheit. Diese Unwissenheit ist die Annahme einer inhärenten Existenz, die die Natur des Selbst und von anderen Personen und Dingen missversteht und ihnen zuschreibt, aus sich selbst heraus zu existieren. Daher ist die Unwissenheit die Hauptursache für das schmerzhafte Kreisen des Daseinskreislaufes.

Die falschen Ansichten bezüglich inhärenter Existenz aktivieren Karma: sowohl Handlungen als auch die Neigungen, die durch solche Handlungen angesammelt werden. Das ist die treibende Kraft des Daseinskreislaufes. Die Phänomene, die aufgrund dieses Prozesses der Unwissenheit entstehen, erscheinen als inhärent existent, sind es aber nicht, und genau dies ist eine Stadt des Irrtums. Die Stadt des Daseinskreislaufes wird durch die falsche Auffassung geschaffen, dass Subjekt und Objekt, der oder die Wahrnehmende und das Wahrgenommene, innerliche und äußerliche Phänomene in und aus sich selbst heraus, inhärent, unabhängig von anderen Bedingungen, aus eigener Kraft heraus, existieren.

Mit dieser Strophe äußern Sie den Wunsch, dass, wenn sich Ihr Bewusstsein vom illusorischen Körper, der aus den vier Elementen besteht, trennen wird, Sie nicht von überwältigendem Leiden heimgesucht werden mögen, da dies eine erfolgreiche Übung beeinträchtigen würde. Andere Bedingungen, die die Übung verhindern würden, sind Begierde und Hass, die gewaltige Hindernisse für eine heilsame Einstellung darstellen.

ZUSAMMENFASSUNG

1. Üben Sie sich jetzt, so dass zum Zeitpunkt Ihres Todes die Kraft Ihrer Vertrautheit mit Heilsamem Ihre innere Einstellung beeinflussen wird.

2. Betrachten Sie den Körper als eine Stadt von wirklich falschen Auffassungen. Zwar scheint der Körper sauber, wenn er gewaschen wird. Und er erscheint als Quelle der Glückseligkeit, als dauerhaft und als unter Ihrer Kontrolle stehend, doch all dies ist er nicht. Er ist aus den vier Elementen (Erde, Wasser, Feuer und Luft) zusammengesetzt, ist Anlass für Schmerzen und verändert sich aus eigenem Antrieb heraus von Moment zu Moment.
3. Menschen und Dinge scheinen aus eigener Kraft heraus zu existieren. Die Unwissenheit akzeptiert diese falschen Erscheinungen, was die leidbringenden Gefühle der Begierde, des Hasses und weitere Unwissenheit und Verwirrung entstehen lässt. Diese leidbringenden Gefühle verunreinigen dann ihrerseits die Handlungen des Körpers, der Rede und des Geistes und setzen somit den Prozess des Daseinskreislaufes immerwährend fort. Begreifen Sie, dass Sie in einer Stadt von falschen Auffassungen leben.

Fünfte Strophe

*Mögen wir befreit werden von den fehlerhaften
   Erscheinungen des Unheilsamen,
Wenn wir zum Zeitpunkt der Not von diesem Körper, den
   wir so liebevoll gepflegt und mit großem Aufwand
   erhalten haben, enttäuscht werden und
Die furchterregenden Feinde – die Herren des Todes –
   erscheinen
Und wir uns selber mit den Waffen der drei Geistesgifte
   der Begierde, des Hasses und der Unwissenheit töten werden.*

Der Zeitpunkt des Todes ist von großer Bedeutung, da er das Ende eines Lebens und den Beginn eines anderen markiert. Wenn zu diesem wichtigen Zeitpunkt Ihr Körper bei Ihnen bleiben würde, könnten Sie Ihr Vertrauen in ihn setzen. Doch in diesem kritischen Moment enttäuscht er Sie. Ihr Körper, den Sie so innig mit Nahrung, Kleidung, Geld, einer Unterkunft, Medizin und sogar mit Hilfe negativer Taten aufrechterhalten haben, lässt Sie im Stich.

Allein schon die Erwähnung des Todes ist uns unbehaglich. Wenn Ihr eigener Todesprozess beginnt und die furchterregenden Seiten der Vergänglichkeit sich zeigen, die im Gedicht die „Herren des Todes" genannt werden, reagieren einige Menschen mit großer Anhaftung an ihren Besitz, ihre Freunde und ihren Körper, wohingegen andere ihre Abneigung gegen ihre Feinde und gegen ihr scheinbar unerträgliches Leiden bekunden. Selbst wenn Begierde und Hass nicht gegenwärtig sind, entwickeln Sie den starken Glauben, dass Sie selbst und alle anderen Erscheinungen unabhängig und aus sich selbst heraus existieren. Das ist die Hauptform der Unwissenheit. Diese drei Gifte – Begierde, Hass und Unwissenheit – sind die stärksten inneren Hindernisse für eine heilsame Praxis, und in einem tieferen Sinn sind dies die Waffen, mit denen Sie sich während des Todes selber umbringen. Um zu verhindern, dass diese drei Geistesgifte während Ihres Todes in Erscheinung treten, pflanzen Sie Wünsche, damit starke Begierde, starker Hass und falsche Erscheinungen nicht auftreten mögen.

Während des Todes ist es wichtig, nicht unter dem Einfluss von Medikamenten zu stehen, die Sie unfähig werden lassen, richtig zu denken. Ein religiös Praktizierender muss Medikamente, die den Geist trüben, vermeiden, da das geistige Bewusstsein so klar wie möglich sein sollte. Sich eine Injektion geben zu lassen, die einen „friedvollen Tod" ermöglicht, könnte den Geist der Möglichkeit berauben, sich auf positive Weise zu manifestieren, indem er über die Vergänglichkeit nachdenkt, Glauben und Vertrauen entwickelt, Mitgefühl empfindet oder über die Abwesenheit eines Selbst meditiert. Falls jedoch ein

Schmerzmittel vorhanden ist, das den Geist nicht stumpf und trübe werden lässt, dann könnte das sogar nützlich sein, da Sie frei von den Ablenkungen des Schmerzes fortfahren könnten, Ihren Geist wie gewohnt arbeiten zu lassen.

Zusammenfassung

1. Erkennen Sie, dass dieser Körper, den Sie um jeden Preis aufrechterhalten, Ihnen eines Tages untreu werden wird.
2. Vermeiden Sie es, der Situation, die Sie gerade hinter sich lassen, hinterher zu gieren.
3. Vermeiden Sie es zu hassen, dass Sie gehen müssen.
4. Halten Sie sich so gut es geht von Begierde, Hass und Unwissenheit fern, so dass Sie eine heilsame Übung aufrechterhalten können, während Sie sterben.
5. Machen Sie sich klar, dass Sie sich möglicherweise einer entscheidenden Möglichkeit berauben, Heilsames zu manifestieren, wenn Sie eine Tablette nehmen oder sich eine Injektion geben lassen, um einen sogenannten friedlichen Tod zu sterben.

Fünftes Kapitel

Das Erlangen günstiger Bedingungen für den Zeitpunkt des Todes

> Manche sterben im Mutterleib,
> Andere während der Geburt,
> Wiederum andere, wenn sie krabbeln,
> Manche, wenn sie gehen können.
>
> Manche sind alt,
> Andere erwachsen,
> Und einer geht nach dem anderen,
> Wie Früchte, die auf den Boden fallen.
>
> BUDDHA

Sechste Strophe

Mögen wir uns dann an die Anweisungen für die Übung erinnern,
Wenn uns die Ärzte im Stich lassen, Riten nutzlos sind,
Freunde die Hoffnung für unser Leben aufgegeben haben
Und wir nichts anderes mehr tun können.

Das vorangegangene Kapitel beschäftigte sich hauptsächlich mit zwei Hindernissen für eine geeignete Übung während des Sterbens: den überwältigenden Leiden und den irrtümlichen Erscheinungen, die Begierde, Hass oder Verwirrung hervorrufen. Während Sie sich bemühen, diese beiden Hindernisse zu vermeiden, müssen Sie auch heilsame Einstellungen entwickeln, indem Sie sich an Ihre Übung erinnern. Wenn es keine Hoffnung mehr für dieses Leben gibt, wenn die Ärzte Sie im Stich lassen, wenn religiöse Zeremonien keinen Nutzen mehr bringen und wenn sogar Ihre Freunde und Bekannte in der Tiefe ihres Herzens die Hoffnung für Sie aufgegeben haben, müssen Sie selber das tun, was hilft. Solange Sie über Achtsamkeit verfügen, geht es darum, sich nach besten Kräften darum zu bemühen, einen heilsamen Geist zu bewahren.

Um dies tun zu können, werden Sie sich an die Anweisungen erinnern müssen, wie man heilsame Geisteszustände entwickelt. Wie ich noch anhand späterer Strophen erörtern werde, müssen diese Anweisungen angewendet werden 1. bevor sich das klare Licht des Todes manifestiert, 2. wenn sich das klare Licht des Todes manifestiert, 3. wenn das klare Licht des Todes endet und der Zwischenzustand beginnt, und 4. während des Zwischenzustandes, damit Sie besondere yogische Verwirklichungen erlangen können. Je nach den Anweisungen, die Sie entsprechend Ihrem Vermögen und Ihrer Intelligenz erhalten haben: Es ist notwendig, sich jetzt klar und deutlich daran zu erinnern. Führen Sie während dieser Zeit Ihre normalen Übungen auf der Ebene, die Sie erreicht haben, aus.

Mit Hilfe der folgenden fünf Kräfte kann Ihre Übung große Wirkungen hervorbringen:

1. *Die Kraft der Vertrautheit.* Pflegen Sie häufig Ihre übliche Praxis, und gewöhnen Sie sich daran – ob das nun die Entwicklung des Wunsches ist, aus dem Daseinskreislauf befreit zu werden, die Entwicklung von Liebe und Mitgefühl, die Entwicklung des Wunsches, die Erleuchtung für das Wohl der anderen zu erlangen, oder die Entwicklung der Stufen des Höchsten Yoga-Tantra.
2. *Die Kraft, die Zukunft zu lenken.* Denken Sie: „Ich werde meine Übung in diesem Leben, dem Zwischenzustand und

zukünftigen Leben aufrechterhalten, bis ich die Buddhaschaft erlangt habe."
3. *Die Kraft heilsamer Samen.* Sammeln Sie die Kraft verdienstvoller Handlungen (gutes Karma) an, um Ihre Übung voranzutreiben.
4. *Die Kraft der Ausrottung.* Beschließen Sie, dass alle Phänomene wie zum Beispiel Geburt, Tod und der Zwischenzustand nur in Abhängigkeit existieren – sie haben keine inhärente, unabhängige Existenz, noch nicht einmal im geringsten. Machen Sie diese Entscheidung zum Bestandteil Ihrer Überzeugung, dass die Anhaftung am Ich Ihr Erzfeind ist, indem Sie denken: „Dass ich das Leiden des Daseinskreislaufes erfahren muss, ist nur wegen der Anhaftung am Ich. Die Wurzel dieser Anhaftung am Ich kommt von der Vorstellung, dass Lebewesen und Dinge unabhängig und inhärent existieren, was aber nicht der Fall ist."
5. *Die Kraft der Wunschgebete.* Wiederholen Sie immer wieder folgenden Wunsch: „Möge ich selbst nach meinem Tod einen Körper erlangen, der als Grundlage für das Praktizieren der Lehre in meinem nächsten Leben dienen wird. Indem sich ein hervorragender spiritueller Lehrer um mich kümmern wird, möge ich nicht von der Praxis getrennt werden."

Diese fünf Kräfte sind besonders nützlich, wenn es darum geht, sich auch dann an die Übung zu erinnern, wenn es am schwierigsten ist.

Wenn es offensichtlich ist, dass jemand stirbt, sollten Freunde sich *nicht* mit Anhaftung um die Person versammeln, die Hand des Sterbenden ergreifen und sie oder ihn unter Tränen umarmen oder die Situation betrauern. Das wird überhaupt nicht helfen. Solch ein Verhalten wird vielmehr dazu führen, eine begehrende Haltung im Geiste des Sterbenden hervorzurufen und alle Gelegenheit, einen heilsamen Geisteszustand zu entwickeln, zunichte machen. Freunde sollten dabei helfen, die geeigneten Bedingungen für die Entwicklung von Positivem zu schaffen, indem der Sterbende an religiöse Unterweisungen und Übungen erinnert wird, indem man sanft in sein Ohr spricht, bis der äußerlich wahrnehmbare Atem aufgehört hat.

Falls der sterbende Mensch beispielsweise an einen Schöpfergott glaubt, kann das Nachdenken über Gott dazu führen, dass sich dieser Mensch wohler und friedlicher fühlt und weniger von Anhaftung, Angst und Bedauern erfüllt sein wird. Falls dieser Mensch an die Wiedergeburt glaubt, dann wird das Nachdenken über ein sinnvolles nächstes Leben im Dienst für andere ähnliche Ergebnisse hervorbringen. Ein Buddhist könnte sich des Buddha entsinnen und die eigenen guten Handlungen in diesem Leben einem fruchtbaren neuen Leben widmen. Jemand, der an keine Religion glaubt, könnte darüber nachdenken, dass der Tod ein integraler Bestandteil des Lebens ist und dass es keinen Sinn hat, sich jetzt, da es geschieht, darüber zu beunruhigen und Sorgen zu machen. Der entscheidende Punkt ist ein friedvoller Geist, um den Prozess des Sterbens nicht zu stören.

Zusammenfassung

1. Es hilft zu wissen, dass zu einem bestimmten Zeitpunkt jegliche Hoffnung enden wird, dieses Leben fortführen zu können. Dann werden Ärzte und Priester, Freunde und Verwandte Sie nicht mehr in diesem Leben halten können, und es wird an Ihnen liegen, das zu tun, was hilft.
2. Während des Sterbens ist es notwendig, sich an religiöse Unterweisungen zu erinnern, die mit Ihrer eigenen Stufe der Übung übereinstimmen und diese umzusetzen.
3. Entwickeln Sie Vertrautheit mit Ihrer Übung. Seien Sie fest

entschlossen, diese spirituelle Ausrichtung in allen Situationen aufrecht zu erhalten, egal wie schwierig dies sein mag. Beschäftigen Sie sich mit vielen verdienstvollen Handlungen, so dass deren gesammelte Kraft sich auf alle Aspekte Ihres Lebens und Sterbens auswirkt. Erkennen Sie, dass Leiden der Anhaftung am Ich entspringt, und lernen Sie es, andere zu lieben. Wünschen Sie sich häufig, Ihre spirituelle Übung über zukünftige Leben hindurch aufrecht zu erhalten.
4. Wenn ein anderer Mensch stirbt, achten Sie darauf, dass Sie für ihn oder sie nicht größere Anhaftung verursachen oder Ärger und Hass aufwühlen. Betrauern Sie seinen Abschied nicht, greifen Sie nicht nach ihm und weinen Sie nicht in seiner Gegenwart. Helfen Sie ihm, auf sinnvolle Weise zu gehen, indem Sie ihn an eine tiefere Übung erinnern.
5. Falls es möglich ist, bitten Sie andere, dasselbe für Sie zu tun. Sorgen Sie dafür, dass zum Zeitpunkt Ihres Sterbens jemand bei Ihnen sein wird, der von Zeit zu Zeit sanft in Ihr Ohr spricht und Sie an die spirituellen Geisteshaltungen erinnert, die Sie manifestieren wollen.

Siebte Strophe

Mögen wir voller freudig-offenem Vertrauen sein,
Wenn Nahrung und der mit Geiz aufgehäufte Besitz
   zurückgelassen werden,
Wir uns für immer von unseren geliebten und ersehnten
   Freunden trennen
Und wir uns alleine in eine gefährliche Situation begeben.

Wenn man Ihnen sagen würde, Ihr Tod stünde kurz bevor, dann wäre dies normalerweise sowohl für Sie als auch für Ihre Familie und Freunde mit viel Kummer verbunden. Und der Todesprozess – der stufenweise Rückzug des Bewusstseins – würde innerhalb dieses Kummers stattfinden. Wenn Sie jedoch, wie oben erklärt, über die Wichtigkeit nachgedacht haben, die Essenz aus dieser Lebenssituation zu gewinnen und auch immer wieder über die Notwendigkeit spiritueller Übung und über die Vergänglichkeit reflektiert haben, dann werden Sie, indem Sie sich an diese Unterweisungen während des Sterbens erinnern, nicht unter den Einfluss von ungünstigen Bedingungen wie Kummer und Leid kommen. All die Erscheinungen, die im Zusammenhang mit dem Tod auftreten, werden Sie nicht ablenken, sondern an die Übung erinnern und Sie zur Meditation anspornen.

Wenn Sie dies bedenken, dann wird es Ihnen möglich sein, mit Freude und Vertrauen zu sterben, wie ein Kind, das glücklich in das Haus der Eltern zurückkehrt. Unter jenen Menschen, die in einen Zwischenzustand zwischen den Leben gehen, können diejenigen mit den größten Fähigkeiten ihre nächste Geburt beeinflussen; so jemand kann mit Vertrauen und ohne jede Sorge sterben. Ein Übender der mittleren Stufe wird keine Angst haben und ein Übender auf der untersten Stufe wird zumindest keine Reue verspüren. Da Sie sich darauf vorbereitet haben, auf sinnvolle Weise wiedergeboren zu werden – dazu fähig, die spirituellen Bemühungen fortzusetzen – gibt es keine Reue, Niedergeschlagenheit oder Angst, wenn der Tod kommt. Ihr Bewusstsein kann mit großer Zuversicht weiterziehen.

Einige Mönche, Nonnen und Gelehrte, die ich kenne, sind auf diese Weise gestorben. Sie haben erkannt, dass sie kurz vor dem Sterben sind und haben ihre engen Verwandten und Bekannten hereingerufen, um sich von ihnen zu verabschieden. Am Tage ihres Todes haben sie ihre safrangefärbten Mönchs- oder Nonnenroben angelegt und sind ohne die geringsten Sorgen während der Meditation gestorben. Ein Mönch hier in Dharamsala hat einen seiner Helfer gebeten, ihm seine Robe zu bringen, hat diese angelegt und ist dann gestorben. Einige Praktizierende hier in Indien waren in der Lage, für viele Tage im Geist des klaren Lichtes zu verweilen, einer siebzehn Tage lang, andere neun oder zehn. Als äußeres Anzeichen hiervon blieben ihre Körper vollständig frisch, ohne auch nur den geringsten Verwesungsgeruch zu zeigen, nachdem der Atem aufgehört hatte, und das für lange Zeit und in diesem heißen Klima. Solche Menschen sind dazu in der Lage, ohne Schwankungen im Geist des klaren Lichtes des Todes zu verweilen und sterben mit außerordentlicher Zuversicht und Freude.

Mein erster Privatlehrer Ling Rinpoche erzählte mir einmal eine Geschichte über einen Lama, die zugleich lustig und traurig ist. Kurz vor seinem Tod legte der Lama seine Safranrobe an und sagte seinen Freunden, dass er im Begriff sei, zu sterben. Als er dann in der Meditationshaltung mit überkreuzten Beinen dasaß, starb er. Einer seiner neuen Schüler, der gerade aus einer abgelegenen Gegend angekommen war und nichts von der Möglichkeit wusste, dass man während der Sitzmeditation sterben kann, kam in das Zimmer des Lama herein und sah, dass der Körper seines verstorbenen Lehrers aufrecht dasaß. Er dachte, dass ein böser Geist sich des Körpers seines Lehrers bemächtigt hätte, und so stieß er den Leichnam um!

ZUSAMMENFASSUNG

1. Um zu vermeiden, dass Sie das Sterben deprimiert, sollten Sie im Rahmen des Mitgefühls für alle Lebewesen Zuflucht zu Ihrer eigenen religiösen Anschauung nehmen. Denken Sie über die Wichtigkeit nach, die Essenz aus diesem gegenwärtigen Leben zu gewinnen, das sowohl mit der Freiheit als auch den Voraussetzungen für die spirituelle Übung ausgestattet ist, und reflektieren Sie immer wieder über die Vergänglichkeit.

2. Die Erinnerung an Ihre Übung ist wirksam. Sie bildet die Basis dafür, dass sogar eventuell auftretende furchterregende Ereignisse und Erscheinungen während des Sterbens nur dazu dienen, Sie anzuspornen, ruhig zu bleiben und mit Freude und Vertrauen zu meditieren.

Sechstes Kapitel

Die Meditation während des Sterbens

> Dieses Leben geht nur sehr schnell verloren
> So wie etwas, das mit einem Stift auf Wasser
> geschrieben wird.
> BUDDHA

Achte Strophe

Mögen wir einen starken heilsamen Geist entwickeln,
Wenn sich die Elemente – Erde, Wasser, Feuer und Luft –
*   stufenweise auflösen*
Und körperliche Kraft verloren geht, der Mund und die
*   Nase austrocknen und sich zusammenziehen,*
Die Wärme sich zurückzieht, die Atemzüge gekeucht
*   werden und ratternde Geräusche auftreten.*

Die ersten sieben Strophen des Gedichtes sind in Übereinstimmung mit beiden Methoden der buddhistischen Lehre, Sutra und Tantra, wobei die tantrischen Lehren besondere Übungen beinhalten, die erfordern, dass Sie sich hier und jetzt als vollkommen mitfühlendes und weises Wesen in der körperlichen Form eines Buddha vorstellen. Ab der achten Strophe folgt die Darlegung hauptsächlich tantrischer Übungen, besonders aus der Klasse des Höchsten Yoga-Tantra.

Die Beschreibung des Todes über die stufenweise Auflösung von Körper und Geist und der vier Elemente kommt nur im

Höchsten Yoga-Tantra vor. Nach der Empfängnis findet ein Entstehungsprozess von subtileren zu gröberen Ebenen hin statt, wohingegen während des Todes eine Auflösung von den gröberen zu den subtileren Ebenen vor sich geht. Die Erscheinungen, die sich auflösen, bestehen aus den vier Elementen – Erde (die festen Substanzen des Körpers), Wasser (die Flüssigkeiten des Körpers), Feuer (die Körperwärme), und Luft (Energie und Bewegung).

Unabhängig davon, ob Sie Ihre volle Lebensspanne ausleben können oder nicht, beinhaltet der Prozess des Todes viele Stufen. Während eines plötzlichen Todes durchschreiten Sie diese Stufen sehr schnell und mit nur sehr geringer Chance, diese auch wahrzunehmen. Für diejenigen, die etwas langsamer sterben, ist es möglich, diese verschiedenen Stufen zu erkennen und zu nutzen. Vorzeichen des Todes, wie zum Beispiel eine Veränderung in der Art, wie sich der Atem in den Nasenlöchern bewegt, Träume oder körperliche Anzeichen können sogar viele Jahre vor dem eigentlichen Tod auftreten, normalerweise erscheinen sie jedoch im Zeitraum von einem oder zwei Jahren vor dem Sterben. Anzeichen des Todes können beinhalten, dass Sie Ekel vor Ihrer Umgebung, Ihrem Zuhause, Ihren Freunden usw. empfinden, was den Wunsch zur Folge hat, woanders hingehen zu wollen. Sie können aber auch eine Begierde für diese entwickeln, eine stärkere Begierde als früher. Sie könnten von einer schroffen zu einer hilfsbereiten Verhaltensweise überwechseln oder umgekehrt. Ihre Begeisterung könnte deutlich zunehmen oder abnehmen. Es könnte eine Änderung in Ihrer körperlichen Ausstrahlung oder im Stil Ihres Verhaltens geben. Der Charakter Ihrer Unterhaltungen könnte sehr rau werden, indem Sie fluchen und so weiter, oder es könnte sein, dass Sie immer wieder über den Tod reden.

Wenn der tatsächliche Sterbeprozess beginnt, durchlaufen Sie acht Stadien. Die ersten vier gehen mit der Auflösung der vier Elemente einher. Die letzten vier umfassen die Auflösung des Geistes in die innerste und tiefste Ebene des Geistes, welche der Geist des klaren Lichtes genannt wird. Bedenken Sie dabei, dass diese Darlegung der Stadien des Todes eine Kartographie von tieferen Geisteszuständen darstellt, die ständig während des täglichen Lebens auftreten und normalerweise nicht wahrgenommen werden. Diese acht Stadien laufen vorwärts ab während des Sterbens, während des Einschlafens, während man einen Traum beendet, während des Niesens, während man in Ohnmacht fällt und während des Orgasmus. Diese acht Stadien laufen rückwärts ab nach dem vollständigen Abschluss des Todesprozesses und ebenso während des Aufwachens, wenn man einen Traum beginnt und wenn Niesen, das In-Ohnmacht-Fallen und der Orgasmus enden.

Die acht Stufen können mit Hilfe von visuellen Bildern anschaulich gemacht werden, obwohl diese Bilder nicht mit den Augen wahrgenommen werden:

In vorwärts laufender Abfolge
1. Luftspiegelung
2. Rauch
3. Glühwürmchen
4. Kerzenflamme
5. leuchtend klarer, weißer Geist-Himmelsraum
6. leuchtend klarer, orangeroter Geist-Himmelsraum
7. leuchtend klarer, schwarzer Geist-Himmelsraum
8. das klare Licht.

In rückwärts laufender Abfolge
1. das klare Licht
2. leuchtend klarer, schwarzer Geist-Himmelsraum
3. leuchtend klarer, orangeroter Geist-Himmelsraum

4. leuchtend klarer, weißer Geist-Himmelsraum
5. Kerzenflamme
6. Glühwürmchen
7. Rauch
8. Luftspiegelung

Die ersten vier Stadien in vorwärts laufender Abfolge: Die Auflösung der vier Elemente

Allgemein gesprochen lösen sich die festeren in die feinstofflicheren Elemente auf. In dem Maße, wie die Fähigkeit des vorigen Elementes nachlässt, als Stütze für das Bewusstsein zu dienen, manifestiert sich das darauffolgende Element deutlicher. Insgesamt gibt es acht Stadien, die ersten vier sind:

Erstes Stadium. Das Erdelement wird schwächer und löst sich in das Wasserelement auf. Die festen Aspekte des Körpers, wie zum Beispiel die Knochen, sind nicht länger dazu in der Lage, als Stütze oder als Grundlage des Bewusstseins zu dienen. Die Stützfähigkeit der soliden Aspekte löst sich in die Flüssigkeiten des Körpers auf und wird auf diese übertragen. Jetzt tritt die Fähigkeit des Wasserelements, als Grundlage für das Bewusstsein zu dienen, deutlicher hervor. Ihr Körper wird drastisch dünner und Ihre Glieder lockern sich. Sie verlieren an körperlicher Kraft – die Vitalität und der Glanz des Körpers nehmen deutlich ab – der Körper bleibt abgenutzt und völlig erschöpft zurück. Ihr Sehvermögen wird unklar und verdunkelt sich. Sie können Ihre Augen nicht mehr öffnen und schließen. Es könnte ein Gefühl entstehen, als ob Sie in der Erde oder im Schlamm versinken, und Sie wollen vielleicht sogar um Hilfe rufen: „Haltet mich fest!" oder sich nach oben kämpfen. Es ist aber wichtig, nicht zu kämpfen. Bleiben Sie in einer heilsamen

Geisteseinstellung ruhig und gelassen. Was Sie in Ihrem Geist wahrnehmen werden, sieht wie eine Luftspiegelung aus.

Zweites Stadium. Die Leistungsfähigkeit des Wasserelements wird schwächer und löst sich in das Feuerelement – die Wärme, die den Körper versorgt – auf, und die Fähigkeit des Feuerelements, als eine Grundlage für das Bewusstsein zu dienen, vergrößert sich. Im Zusammenhang mit den Sinneswahrnehmungen und dem geistigen Bewusstsein verspüren Sie keine Gefühle der Freude und des Schmerzes mehr, noch nicht einmal mehr neutrale Gefühle. Ihr Mund, Ihre Zunge und Ihre Kehle trocknen aus, da kein Speichel mehr produziert wird, und es bildet sich Schaum auf den Zähnen. Andere Flüssigkeiten wie Urin, Blut, Schweiß und die Flüssigkeit der Fortpflanzung trocknen aus. Sie können keine Geräusche mehr wahrnehmen und das gewöhnliche leichte Summen in den Ohren hört auf. Was Sie in Ihrem Geist wahrnehmen können, sieht wie Rauchwölkchen aus oder wie dünner Rauch in einem Zimmer oder wie Rauch, der aus einem Kamin herausquillt.

Drittes Stadium. Die Fähigkeit des Feuerelements, das Bewusstsein zu stützen, lässt nach und löst sich in das Windelement auf – das sind die Strömungen der Luft oder Energie, welche verschiedene Körperfunktionen lenken wie zum Beispiel das Einatmen, das Ausatmen, Aufstoßen, Spucken, Sprechen, Schlucken, das Beugen der Gelenke, das Ausstrecken und Zusammenziehen der Glieder, Öffnen und Schließen des Mundes und der Augenlider, Verdauung, das Wasserlassen, das Ausscheiden der Exkremente, die Menstruation und Ejakulation. Die Wärme des Körpers nimmt ab, was dazu führt, dass die Verdauung nicht mehr funktioniert. Wenn Sie Ihr Leben hauptsächlich auf unheilsame Weise geführt haben, beginnt sich die Körperwärme vom Kopf her zum Herzen hin zu sammeln: So erkaltet der obere Teil des Körpers zuerst. Wenn Sie Ihr Leben jedoch hauptsächlich auf heilsame Weise gelebt haben, sammelt sich die Wärme von den Fußsohlen her zum Herzen hin, und der untere Teil des Körpers erkaltet zuerst. Die Fähigkeit zu riechen hört auf. Sie schenken den Handlungen und Wünschen der Freunde und Verwandten um Sie herum keine Beachtung mehr und können sich nicht mehr an deren Namen erinnern. Es fällt Ihnen jetzt schwer zu atmen. Ihre Ausatmungen werden immer länger und Ihre Einatmungen immer kürzer. Ihre Kehle gibt ratternde, röchelnde oder keuchende Laute von sich. Was Sie in Ihrem Geist sehen, sieht wie Glühwürmchen aus, vielleicht inmitten von Rauch, oder wie die glühenden Funken im Ruß am Boden eines Wok.

Viertes Stadium. Die Leistungsfähigkeit des gröberen Windelementes wird schwächer und löst sich in das Bewusstsein auf. Die Zunge wird dick und kurz, und ihre Wurzel wird bläulich. Es ist unmöglich, körperliche Berührung zu spüren oder körperliche Handlungen auszuführen. Die Atmung durch die Nase und den Mund hört auf. Es gibt aber subtilere Stufen der Atmung – oder des Windes – und so weist der Stillstand des Atems durch Mund und Nase nicht auf den Abschluss des Todesprozesses hin. Was Sie in Ihrem Geist sehen, ist wie die Flamme einer Butterlampe oder einer Kerze (oder wie das flackernde Licht *über* einer Butterlampe oder Kerze). Zuerst flackert das Licht, als ob die Butter oder das Wachs schon aufgebraucht sei. Wenn dann die Winde, auf denen die geistigen Konzepte, Gedanken und Vorstellungen beruhen, kollabieren, wird die Erscheinung der Flamme ruhig und stabil.

Allgemeinen gesprochen besteht der Körper eines Menschen aus den vier Elementen. Aufgrund von Abweichungen in den Kanälen und Winden innerhalb dieses Systems erleben jedoch verschiedene Menschen verschiedene innere Erscheinungen während des Auflösungsprozesses. Aus diesem Grund gibt es kleine Abweichungen in den Erläuterungen zu diesem Prozess in speziellen von Buddha gelehrten Tantras – wie zum Beispiel dem *Guhyasamaja* (dem System, das vorwiegend in diesem Buch erläutert wird), *Chakrasamvara*, und *Kalachakra*, wie auch in bestimmten Tantras der Alten Übersetzungsschule des tibetischen Buddhismus, die Nyingma genannt wird. Diese geringfügigen Abweichungen hängen hauptsächlich mit den Unterschieden in den Kanälen innerhalb des Körpers zusammen, der Winde und der Tropfen der essentiellen Flüssigkeit, die durch diese Kanäle strömen. Da diese inneren Faktoren bei verschiedenen Menschen unterschiedlich sind, unterscheiden sich die Yogaübungen geringfügig. Selbst wenn die inneren Faktoren die gleichen sind, erscheinen dem Geist die inneren Zeichen des Sterbens auf unterschiedliche Weise, da die Yogis den Schwerpunkt auf unterschiedliche Stellen im Körper legen.

Während dieser Stufen brauchen Sie eine ungehinderte heilsame Einstellung. Dieser Wunsch kommt in dieser Strophe des Gedichtes des Panchen Lama zum Ausdruck. Gewöhnliche Lebewesen wie wir, die unter dem Einfluss von Geburt und Tod stehen, haben zweifellos Veranlagungen und Neigungen, die wir über zahllose Leben hin geschaffen haben und deren Früchte sich noch nicht entwickelt haben. Jeden Moment, den wir mit durch Unwissenheit verursachten Handlungen beschäftigt sind, trägt zu einem Leben innerhalb des Daseinskreislaufes bei. Sehr starke Handlungen können nicht nur ein, sondern viele Leben innerhalb des Daseinskreislaufes antreiben. Kurz vor dem Tod wird eine dieser vielen heilsamen oder unheilsamen Veranlagungen genährt werden und dient dann als Grundlage für das ganze nächste Leben. Viele andere Handlungen oder Karmas bewirken zusätzlich die Eigenschaften des Lebens wie zum Beispiel die Gesundheit, die jeweiligen Ressourcen und die Intelligenz. Folglich sind Ihre Gedanken und Ihre geistige Verfassung kurz vor dem Zeitpunkt des Todes äußerst wichtig.

Selbst wenn Sie die meiste Zeit Ihres Lebens mit heilsamem Verhalten zugebracht haben, kann eine starke unheilsame Tendenz kurz vor dem Tod die unheilsamen Veranlagungen nähren, die wir alle haben; das ist eine besonders gefährliche Zeit. Selbst aufgrund eines belästigenden Geräusches, das jemand etwa beim zu heftigen Abstellen eines Gegenstandes macht, können sich Verärgerung und Zorn entwickeln. Umgekehrt kann ein Mensch, der normalerweise nicht an sehr viel Positives gewöhnt ist, kurz vor dem Tod einen starken heilsamen Geist entwickeln und dadurch karmische Veranlagungen für Heilsames aktivieren, was in einer guten Wiedergeburt mündet. Daher müssen Sie kurz vor dem Tod besonders vorsichtig sein und, so gut es geht, eine heilsame und positive geistige Verfassung hervorbringen. Es ist sehr wichtig, dass diejenigen, die dem Sterbenden beistehen, wissen, dass sich der Geist der oder des Sterbenden in einem empfindlichem Zustand befindet – sie sollten vorsichtig sein, keinen Grund zur Störung zu liefern wie zum Beispiel durch lautes Sprechen, Weinen oder grobes Hantieren mit Gegenständen und sollten statt dessen eine friedvolle Atmosphäre schaffen.

Zusammenfassung

1. Lernen Sie die Stadien des Auflösungsprozesses der vier Elemente und die sie begleitenden äußeren Anzeichen, wie oben beschrieben, und die inneren Anzeichen, wie sie in den folgenden Strophen beschrieben werden, damit Sie nicht vom Sterbeprozess überrascht werden, wenn dieser einsetzt.
2. Seien Sie nahe am Zeitpunkt des Todes vorsichtig, damit gute Veranlagungen und Neigungen durch eine heilsame Haltung genährt und aktiviert werden.
3. Vorzeichen des Todes können ein oder zwei Jahre vor dem Sterben auftreten. Diese Vorzeichen warnen Sie, dass Sie sich vorbereiten müssen. Doch es ist besser, schon vor diesen Anzeichen bereit zu sein.

Neunte Strophe

Mögen wir die todlose Daseinsweise verwirklichen,
Wenn verschiedene irrtümliche Erscheinungen, beängstigend und schrecklich –
Und insbesondere die Luftspiegelung, der Rauch und die Glühwürmchen – auftreten
Und die Grundlagen der achtzig konzeptuellen Bewusstseinsarten enden.

Wenn sich die vier Elemente auflösen, treten verschiedene Erscheinungen auf. Manchmal zeigen sich ungewöhnliche Bilder oder Geräusche schon, bevor die Augen und Ohren aufhören zu funktionieren. Und immer zeigen sich dem geistigen Bewusstsein verschiedene Phantasiebilder. Es könnte zum Beispiel sein, dass Menschen, die unter einer entkräftenden Krankheit gelitten haben, ein fürchterliches Feuer sehen, welches große Angst hervorruft. Andere erfahren angenehme und sogar erstaunliche Visionen und bleiben dabei entspannt. Solche Unterschiede stammen aus den Veranlagungen, die von positiven und negativen Handlungen in diesem und früheren Leben geschaffen wurden. Diese Unterschiede weisen auf die Art und die Qualität der Wiedergeburt hin, die stattfinden wird, genauso wie die Qualität des Lichtes am Himmel vor dem Sonnenaufgang auf das Wetter des kommenden Tages schließen lässt.

Indem sich die vier Elemente nacheinander auflösen, treten die inneren Zeichen des Todes auf. Die Auflösung des Erdelements in das Wasserelement ruft eine Erscheinung wie eine Luftspiegelung in der Wüste hervor. Die Auflösung von Wasser in das Feuer resultiert in einer Erscheinung wie die Rauchwölkchen aus einem Kamin oder wie dünner Rauch, in einem Zimmer verteilt. Die Auflösung des Feuers in das Windelement ruft eine Erscheinung hervor wie Glühwürmchen oder wie die glühenden Funken im Ruß am Boden eines Wok, der dazu benutzt wird, Getreide auf offenem Feuer zu rösten. (Die Auflösung des Windelementes wird im nächsten Kapitel erörtert werden.) Diese Zeichen – Luftspiegelung, Rauch, Glühwürmchen und Kerzenflamme sowie die nächsten vier, die weiter unten beschrieben werden – erscheinen denjenigen, die schrittweise sterben. Sie erscheinen nicht in ihrer vollständigen Form für jene, die plötzlich sterben – zum Beispiel in Unfällen oder durch Waffengewalt.

Zusammenfassung

1. Erkennen Sie, dass die unzähligen Erscheinungen, die während des Sterbens auftreten und die sogar beängstigend und schrecklich sein können, durch Karma verursacht werden. Lassen Sie sich davon nicht ablenken oder beunruhigen.
2. Lernen Sie die ersten drei der acht Erscheinungen kennen: Luftspiegelung wie in einer Wüste; Rauchwölkchen aus einem Kamin oder dünner Rauch in einem Zimmer; Glühwürmchen oder die glühenden Funken im Ruß am Boden eines Wok.

Zehnte Strophe

Mögen wir eine stabile Achtsamkeit und Introspektion entwickeln,
Wenn sich das Windelement in das Bewusstsein aufzulösen beginnt,
Das äußere Kontinuum des Atems aufhört, grobe dualistische Erscheinungen sich auflösen
Und eine Erscheinung wie eine brennende Butterlampe heraufdämmert.

Bewusstsein wird als das definiert, was leuchtend und wissend ist. Bewusstsein ist leuchtend in doppeltem Sinn, da es von seiner Natur her sowohl klar als auch leuchtend ist: Bewusstsein erleuchtet oder offenbart, wie eine Lampe, die die Finsternis vertreibt, so dass Objekte wahrgenommen werden können. Bewusstsein weiß auch um Objekte in dem Sinn, dass es diese Objekte zumindest wahrnimmt, auch wenn es diese nicht richtig erkennt.

Bewusstsein setzt sich aus kurzen Zeitabschnitten zusammen und nicht aus Zellen, Atomen oder kleinsten Teilchen. Bewusstsein und Materie haben also eine grundlegend verschiedene Beschaffenheit und daher unterschiedliche substantielle Ursachen. Substantielle Ursachen sind Ursachen, die die Substanz, das grundlegende Dasein der Wirkung, hervorrufen. Materielle Dinge haben andere materielle Dinge als ihre substantielle Ursache, da es eine Übereinstimmung in der grundlegenden Beschaffenheit zwischen der substantiellen Ursache und der substantiellen Wirkung geben muss. Lehm ist zum Beispiel die substantielle Ursache für einen Lehmkrug. Die substantielle Ursache eines geistigen Bewusstseins muss selbst etwas sein, das leuchtend, klar und wissend ist – ein vorausgehender Zeitabschnitt geistigen Bewusstseins. Jeder Moment eines Bewusstseins benötigt daher einen vorausgehenden Moment von Bewusstsein als seine substantielle Ursache. Dies bedeutet, dass es ein Kontinuum des Geistes geben muss, das keinen Anfang hat. Somit wird ein anfangsloser Kreislauf der Wiedergeburten mittels logischer Schlussfolgerung begründet. Zudem ist es ein ausreichender Hinweis für die Wiedergeburt, wenn es *eine* zutreffende Erinnerung an ein früheres Leben gibt – es ist nicht notwendig, dass sich *jeder* daran erinnern muss. Die Abwesenheit von früheren und zukünftigen Leben ist niemals von irgendjemandem direkt wahrgenommen worden, wohingegen es aber bewiesene Fälle von klarer Erinnerung an frühere Leben gibt.

Trotz der Tatsache, dass der Körper für sein Entstehen und Vergehen von Bedingungen abhängt, ist er mit Leben erfüllt. Und wenn diese Lebenskraft aufhört, dann wird der Körper schnell zu einer Leiche und verrottet. Egal wie schön und gutaussehend der Körper war, er verwandelt sich in eine Leiche. Wenn Sie diese Lebenskraft untersuchen, die den Körper vor dem Verfaulen bewahrt, dann werden Sie erkennen, dass es der Geist ist. Die Tatsache, dass das Fleisch mit Bewusstsein verbunden ist, bewahrt es vor dem Verwesen. Es ist genau dieses Kontinuum des Geistes, welches zum nächsten Leben hinüber geht.

Der Unterschied in der Beschaffenheit von Geist und Materie bedeutet auch, dass sie eine unterschiedliche wesentliche Ursache haben. Das heißt jedoch nicht, dass Geist und Materie nicht interagieren würden, denn genau dies tun sie auf vielfältige Weise. Materie kann eine mitwirkende Bedingung des Geistes sein, zum Beispiel wenn die subtile Materie innerhalb des Augapfels als mitwirkende Bedingung für das Sehbewusstsein agiert oder wenn eine Farbe oder eine Form als mitwirkende Bedingung für das Sehbewusstsein agiert oder wenn Ihr eigener Körper als Stütze oder Grundlage für das Bewusstsein selbst dient.

Auf ähnliche Weise beeinflusst das Bewusstsein die Materie, da es unsere Handlungen oder unser Karma, motiviert durch das Bewusstsein, sind, die unsere Umgebung gestalten. Die vereinigten Einflüsse des Karma vieler Lebewesen formen das Weltsystem, in dem wir leben. Ferner reitet das Bewusstsein, gemäß den Erläuterungen im Höchsten Yoga-Tantra, auf dem Wind, der physikalisch ist, obwohl der Wind in seinen feinsten Formen nicht aus kleinsten Teilchen zusammengesetzt ist. Aufgrund dieser engen Vereinigung zwischen Geist und Wind dergestalt, dass sie eine ununterscheidbare Entität bilden, kann ein erleuchtetes Wesen einen Körper mit subtilem Wind als seiner wesentlichen Ursache manifestieren, einen Körper jenseits von physischen Teilchen, wie es zum Beispiel beim Vollständigen Freudenkörper eines Buddha in einem Reinen Land der Fall ist.

Wenn wir diese Lehre der wesentlichen Ursachen und der mitwirkenden Bedingungen auf die Empfängnis anwenden, dann können wir sehen, dass die Substanzen von Mutter und Vater – Ei und Samen – als die wesentlichen Ursachen für den Körper des Kindes und als mitwirkende Bedingungen für den Geist fungieren. Der letzte Moment des Bewusstseins dieses Kindes in seinem vorherigen Leben dient als die wesentliche Ursache des Bewusstseins im Augenblick der Empfängnis und als mitwirkende Bedingung für den Körper. Genauso wie auf grobstofflicher Ebene der Körper, ja sogar der Embryo, als die physische Stütze des Bewusstseins betrachtet wird, genauso ist der Wind, der das Bewusstsein trägt wie ein Pferd seinen Reiter, eine physische Grundlage, die das Bewusstsein trägt. Obwohl sich das Bewusstsein vom physikalischen Körper trennen kann, was genau dann passiert, wenn wir von einem Leben zum nächsten gehen, kann sich das Bewusstsein niemals von der subtilsten Ebene des Windes trennen.

Ich glaube nicht, dass der sehr subtile Wind – oder Energie – als eines der vier Elemente (Erde, Wasser, Feuer und Luft) klassifiziert werden kann, da er jenseits von physikalischen Partikeln ist. Der sehr subtile Wind ist ein Aspekt der Bewegung des sehr subtilen Geistes; er ist vom gleichen Wesen wie sein entsprechender Geist. Es wäre schwer, den sehr subtilen Wind und Geist mit wissenschaftlichen Instrumenten zu analysieren und zu messen. Es könnte jedoch möglich sein, die Gegenwart des sehr subtilen Windes und Geistes in den Fällen eines klinischen Todes wissenschaftlich zu ermitteln, bevor das Bewusstsein den Körper verlassen und der Verwesungsprozess des Körpers noch nicht begonnen hat. Wissenschaftler haben zu diesem Zweck verschiedene Instrumente in unser Hospital hier in Dharamsala gebracht. In der Zeit ihres Aufenthaltes ist aber niemand gestorben. Und zu dem Zeitpunkt, als dann spirituell geübte Menschen starben, waren die Instrumente nicht mehr da!

Wenn der Wind – oder die Energie – auf der die verschiedenen Ebenen des Bewusstseins basieren, sehr schwach wird und sich langsam völlig in das Bewusstsein auflöst, manifestieren sich immer subtilere Ebenen des Geistes. Zu Beginn des vierten Stadiums, wenn die Winde, die als die Stützen für die vielen Geisteshaltungen dienen, sich aufzulösen beginnen, erscheint dem Geist ein Bild wie die Flamme einer Butterlampe oder einer Kerze, zuerst flackernd und dann ruhig. Der äußere Atem hört auf. Im allgemeinen wird dies als der Zeitpunkt des Todes betrachtet, aber in Wirklichkeit findet der Tod erst später statt. In diesem Stadium lösen sich die gröberen Ebenen der Erscheinung von Subjekt und Objekt als verschiedene und voneinander getrennte Einheiten auf. Das Auge sieht keine sichtbaren Formen, das Ohr hört keine Geräusche, die Nase riecht keine Gerüche, die Zunge nimmt keine Geschmäcker wahr, und der Körper spürt keine fühlbaren Objekte. Die leuchtende, klare und wissende Natur des Geistes tritt unverhüllt in Erscheinung.

Wenn Sie dazu in der Lage sind, während des Todes achtsam zu sein, die Zeichen der Stadien des Auflösungsprozesses zu erkennen und genügend Selbstbeobachtung aufrechtzuerhalten, um Heilsames anzustreben, egal auf welcher Ebene, wird Ihre Übung äußerst kraftvoll sein. Geringstenfalls wird dies Ihr nächstes Leben positiv beeinflussen.

ZUSAMMENFASSUNG

1. Obwohl Geist und Materie unterschiedliche wesentliche Ursachen haben, interagieren sie auf vielfältige Weise.
2. Nach den drei inneren Erscheinungen der Luftspiegelung, des Rauches und der Glühwürmchen, kommt das vierte in-

nere Zeichen, welches wie die Flamme einer Butterlampe oder Kerze ist, zuerst flackernd und dann ruhig.
3. Obwohl zu diesem Zeitpunkt der äußere Atem durch die Nase aufhört und es keine bewusste Reaktion des Sterbenden auf äußere Reize mehr gibt, ist dieser Mensch noch nicht gestorben. Es ist sehr hilfreich, den Körper nicht zu stören, bis der vollständige Tod eingetreten ist.
4. Das Aufrechterhalten von Achtsamkeit und Introspektion, die Ihnen helfen zu erkennen, welches Stadium des inneren Prozesses gerade stattfindet, kann kraftvolle Verwirklichungen hervorrufen und eine positive Wiedergeburt bewirken.

Siebtes Kapitel

Die innere Struktur

> Ein morgiger Tag, an dem Du nicht mehr dasein wirst, kommt ganz bestimmt.
>
> Aus Shuras Brief an Kanika

Elfte Strophe

Mögen wir unsere eigene Natur selbst erkennen
Mit Hilfe des Yoga, der sowohl den Daseinskreislauf als auch Nirvana als leer erkennt,
Wenn Erscheinung, Intensivierung und Beinah-Verwirklichung sich auflösen – die erstgenannten in die letztgenannten –
Und Erfahrungen wie das alles durchdringende Mondlicht, Sonnenlicht und Dunkelheit aufscheinen.

Um ein Bild von den letzten vier Stadien des Todesprozesses zu bekommen, ist es notwendig, die verschiedenen Ebenen des Bewusstseins sowie den Aufbau der Kanäle, Winde und Tropfen der essentiellen Flüssigkeit innerhalb des Körpers zu verstehen. Hierbei handelt es sich um grundlegende tantrische Physiologie und Psychologie.

Die verschiedenen Ebenen des Bewusstseins

Im Höchsten Yoga-Tantra wird das Bewusstsein in grobe, subtile und sehr subtile Ebenen unterteilt. Die *groben Ebenen* umfassen die fünf Sinnesbewusstseinsarten: Das Augenbewusstsein, das Farben und Formen wahrnimmt; das Ohrenbewusstsein für die Klänge; das Nasenbewusstsein für Gerüche; das Zungenbewusstsein für Geschmäcker; das Körperbewusstsein für taktile Erfahrungen. Dies sind einzelne Bewusstseinsarten mit klar abgegrenzten Wirkungskreisen: Farben und Formen, Klänge, Gerüche, Geschmäcker und taktile Erfahrungen.

Subtiler als diese, aber immer noch auf der groben Ebene, ist das Bewusstsein, mit dem wir denken. Es wird in drei Klassen unterteilt, entsprechend den drei Arten von Winden (stark, mittel und schwach), auf denen diese drei Klassen des Bewusstseins reiten. Die erste Gruppe ist mit einer starken Bewegung des Windes zum Objekt hin verbunden und schließt dreiunddreißig konzeptuelle Erfahrungen wie zum Beispiel Angst, Anhaftung, Hunger, Durst, Mitgefühl, Habgier und Eifersucht mit ein. Die zweite Gruppe besteht aus konzeptuellen Bewusstseinsarten, die mit einer mittelstarken Bewegung des Windes zum Objekt hin verbunden sind: Das sind vierzig konzeptuelle Auffassungen wie zum Beispiel Freude, Erstaunen, Großzügigkeit, das Begehren zu küssen, Heldenhaftigkeit, Unfreundlichkeit und Unehrlichkeit. Die dritte Gruppe ist mit einer schwachen Bewegung des Windes zu den jeweiligen Objekten hin verbunden und umfasst sieben konzeptuelle Auffassungen: Vergesslichkeit, Irrtum (wenn man zum Beispiel in einer Luftspiegelung Wasser wahrnimmt), katatonische Erstarrung, Depression, Faulheit, Zweifel, und gleichmäßige Gier und Abneigung. (Innerhalb jeder dieser drei Gruppen von

Bewusstseinsarten, oder konzeptuellen Auffassungen, gibt es Abstufungen in Bezug auf Grobheit und Feinheit.)

Diese drei Gruppen konzeptueller Erfahrungen gehören zur groben Ebene des Geistes, sind aber subtiler als die fünf Sinnesbewusstseinsarten. Sie sind sozusagen Widerspiegelungen von tieferen Ebenen des Bewusstseins, die immer weniger dualistische Wahrnehmung beinhalten. Sie sind der Abdruck von drei subtilen Ebenen des Geistes, die sich dann manifestieren, wenn die gröberen Ebenen des Bewusstseins aufhören, entweder bewusst herbeigeführt (wie in tiefen Zuständen der Meditation) oder auf natürliche Weise (wie beim Sterbeprozess oder beim Schlafengehen).

Wenn sich die Winde, auf denen alle achtzig dieser konzeptuellen Erfahrungen reiten, auflösen, dann lösen sich auch diese konzeptuellen Erfahrungen auf. Und das erlaubt es den drei subtilen Ebenen des Bewusstseins, sich in folgender Sequenz zu manifestieren: Zuerst der Geist der leuchtend klaren, weißen Erscheinung, dann der Geist der leuchtend klaren, orangeroten Erscheinung und schließlich der Geist der leuchtend klaren, schwarzen Erscheinung. (Diese drei werden später in diesem Kapitel, im fünften bis siebten Stadium, beschrieben.) Sie führen schließlich zur sehr subtilen Ebene des Bewusstseins, dem Geist des klaren Lichtes, der äußerst wirkungsvoll ist, wenn er auf dem spirituellen Weg genutzt wird. (Dieser Geist des klaren Lichtes wird weiter unten im achten Stadium beschrieben.)

Bevor wir diese letzten vier Stadien im Detail erörtern, müssen wir die Veränderungen erläutern, von denen sie abhängen. In der Physiologie des Höchsten Yoga-Tantra finden diese Veränderungen in physischen Kanälen, Winden und essentiellen Tropfen, die sich in diesen Kanälen bewegen, statt.

Die Struktur der Kanäle im Körper

Im Körper gibt es mindestens zweiundsiebzigtausend Kanäle (Arterien, Venen, Leitungen, Nerven, manifeste und nicht manifeste Bahnen und Wege), die sich gleich nach der Empfängnis von der Stelle aus entwickeln, die später das Herz bilden wird. Die drei wichtigsten Kanäle verlaufen von dem Punkt zwischen den Augenbrauen zur Krone des Kopfes, dann vorne an der Wirbelsäule entlang bis zum unteren Ende der Wirbelsäule und reichen schließlich bis zur Spitze des Sexualorgans. Diese Beschreibung ist ein Mittel, um den zentralen, rechten und linken Kanal in der Meditation zu visualisieren und weicht etwas davon ab, wo sich die Kanäle tatsächlich befinden. Es ist jedoch sehr wirksam, sich die Kanäle in dieser idealen Form vorzustellen, um die subtileren Ebenen des Geistes hervorzurufen. Manchmal weisen körperliche Beschreibungen wie diese lediglich auf die Konzentrationspunkte hin, die während der Meditation genutzt werden.

An entscheidenden Stellen in diesen drei Kanälen befinden sich sieben Kanalräder, oder Chakren, mit unterschiedlicher Anzahl von Radspeichen, oder blütenblättrigen Verzweigungen:

1. *Das Chakra der großen Glückseligkeit* befindet sich in der Krone des Kopfes und hat zweiunddreißig blütenblättrige Verzweigungen. Es wird das Chakra der großen Glückseligkeit genannt, da sich in seinem Zentrum der Tropfen der weißen essentiellen körperlichen Flüssigkeit befindet, der die Grundlage für Glückseligkeit ist.
2. *Das Chakra des Genusses* findet sich in der Mitte der Kehle und hat sechzehn blütenblättrige Verzweigungen. Es wird das Chakra des Genusses genannt, da hier die Geschmäcker erfahren werden.
3. *Das Chakra der Phänomene* ist im Herzen lokalisiert, mit

acht blütenblättrigen Verzweigungen. Es wird das Chakra der Phänomene genannt, da dies der Ort ist, an dem sich der sehr subtile Wind und Geist befinden, die ihrerseits die Wurzel aller Phänomene sind.
4. *Das Chakra der Emanation* befindet sich am Solarplexus mit vierundsechzig blütenblättrigen Verzweigungen. Es wird das Chakra der Emanation genannt, da es der Ort des inneren Feuers ist, das durch Yogaübungen und durch Methoden zum Entwickeln großer Glückseligkeit entzündet wird.
5. *Das Chakra der Aufrechterhaltung der Glückseligkeit* befindet sich am unteren Ende der Wirbelsäule mit zweiunddreißig blütenblättrigen Verzweigungen. Es wird das Chakra der Aufrechterhaltung der Glückseligkeit genannt, da die tiefste Ebene der Glückseligkeit vom unteren Ende der Wirbelsäule her aufrechterhalten wird.
6. *Das Chakra im Zentrum des Juwels* (der Spitze des Sexualorgans) hat sechzehn blütenblättrige Verzweigungen.
7. Es gibt auch ein *Chakra zwischen den Augenbrauen* mit sechzehn blütenblättrigen Verzweigungen.

Am Herzen winden sich der rechte und der linke Kanal dreimal um den Zentralkanal (dabei windet sich jeder Kanal auch um sich selbst) und setzen sich dann nach unten fort. Das hat eine sechsfache Einschnürung am Herzen zur Folge, die das Durchfließen des Windes im Zentralkanal verhindert. Da diese Einschnürung sehr schwerwiegend ist, ist das Herz ein gefährlicher Fokus für die Meditation. Sie könnte zu einem Nervenzusammenbruch führen, wenn nicht die richtigen Meditationstechniken angewandt werden.

An jedem dieser Chakren oder Zentren (Augenbrauen, die Krone des Kopfes, Kehle, Herz, Solarplexus, das unter Ende der Wirbelsäule und die Spitze des Sexualorgans) schlingen sich der rechte und linke Kanal jeweils einmal um den Zentralkanal (dabei windet sich jeder Kanal auch um sich selbst) und formen so zwei Einschnürungen. Der rechte und der linke Kanal werden durch den Wind aufgebläht und engen den Zentralkanal ein, so dass sich der Wind dort nicht bewegen kann. Diese Einschnürungen werden „Knoten" genannt. Noch einmal: Es ist wichtig, sich daran zu erinnern, dass Zeichnungen und Beschreibungen der Struktur der Kanäle und der Chakren für die Übung gedacht sind. Es sind nicht notwendigerweise Beschreibungen ihrer tatsächlichen Form oder Lage, die von Mensch zu Mensch sehr unterschiedlich sein können.

Der Aufbau der Winde im Körper

Wenn der Geist einem Objekt Beachtung schenkt, tut er dies durch die Bewegung von Wind, oder Energie. Der Geist reitet auf dem Wind wie der Reiter auf einem Pferd. Dem Höchsten Yoga-Tantra entsprechend, beinhaltet unser seelischer und körperlicher Aufbau fünf Haupt- und fünf Nebenwinde:

1. *Lebenserhaltender Wind.* Sein Hauptsitz befindet sich in den Kanälen am Herzen, und seine Funktion ist die Erhaltung des Lebens. Er lässt auch die fünf Nebenwinde entstehen, welche die Sinnestätigkeiten und die Aufmerksamkeit steuern.
2. *Der nach unten ausscheidende Wind.* Sein Hauptsitz befindet sich in den Kanälen im unteren Bauchbereich, und er bewegt sich in der Gebärmutter oder dem Samenbläschen, in der Harnblase, den Oberschenkeln und so weiter. Er veranlasst und stoppt das Urinieren, den Stuhlgang und die Menstruation.
3. *Der im Feuer wohnende Wind.* Sein Hauptsitz befindet sich in den Kanälen im Solarplexus, wo innere Hitze durch Yoga

entwickelt wird. Dieser Wind bewirkt die Verdauung, das Trennen von raffinierten und nicht raffinierten Substanzen und so weiter.
4. *Der aufstrebende Wind.* Sein Hauptsitz befindet sich in den Kanälen in der Kehle. Dieser Wind arbeitet überall im Mund und in der Kehle und ruft das Sprechen, das Schmecken von Speisen, das Schlucken, Aufstoßen, Spucken und so weiter hervor.
5. *Der durchdringende Wind.* Sein Hauptsitz befindet sich in den Gelenken und bewirkt gelenkige Bewegung, das Strecken und Zusammenziehen der Glieder, das Öffnen und Schließen des Mundes und der Augenlider.

Wie Sie sehen, treibt Wind sowohl körperliche als auch geistige Funktionen an. Eine gute Gesundheit benötigt die ungehinderte Bewegung der Winde; Blockaden verursachen Probleme.

Normalerweise bewegt sich der Wind nicht im Zentralkanal – dies geschieht nur während des Sterbeprozesses. Aber auch durch tiefreichende Yogatechniken wird dies erreicht, was es dann den tiefgründigeren Zuständen des Geistes ermöglicht, sich zu manifestieren. Während der letzten vier Stadien des Sterbens treten die Winde, die als die Grundlagen des Bewusstseins dienen, in den rechten und linken Kanal ein und lösen sich dort auf. Daraufhin treten die Winde im rechten und linken Kanal in den Zentralkanal ein und lösen sich dort auf. Die Deflation des rechten und linken Kanals lockert die Einschnürungen an den Kanalknoten: Wenn sich der rechte und linke Kanal entleeren, wird der Zentralkanal frei und die Bewegung des Windes in ihm wird ermöglicht. Diese Bewegung verursacht die Manifestation des subtilen Geistes, den die Yogis des Höchsten Yoga-Tantra auf dem spirituellen Weg zu nutzen suchen. Die Winde, auf denen ein tiefer glückseliger Geist reitet, sind stark von einer Bewegung zu Objekten hin zurückgezogen, und solch ein Geist ist besonders machtvoll im Erkennen der Wirklichkeit.

Vor mehr als zwanzig Jahren lebte eine über achtzigjährige Nonne auf der Veranda eines Hauses in einem nahegelegenen Dorf. Die Menschen suchten sie auf, um Weissagungen von ihr zu erbitten. Sie bat mich einmal um eine Audienz, und ich habe mich mit ihr getroffen. Sie überreichte mir ein Buch mit Übungen der Nyingma-Tradition mit dem Titel *Durchbruch und Darüberspringen,* und wir haben uns zwanglos unterhalten. Sie erzählte mir, dass sie in ihren jungen Jahren geheiratet hatte, ihr Ehemann dann aber gestorben sei, woraufhin sie das weltliche Leben aufgegeben, ihren ganzen Besitz zurückgelassen und sich auf eine Pilgerreise begeben habe. Sie erreichte schließlich Drikung, wo sie einen alten Lama, der schon an die achtzig Jahre alt war, auf einem Berg hinter Drikung getroffen habe. Der Lama hatte ungefähr zwölf Schüler. Sie berichtete, dass sie zu zwei verschiedenen Zeitpunkten Mönche gesehen habe, die ihre Umhängetücher wie Flügel benutzten, um von einem Berggipfel zum anderen zu fliegen. Dies habe sie tatsächlich gesehen.

Wenn das stimmt, dann ist das nicht nur ein magisches Kunststück, sondern rührt von der Übung des Wind-Yoga her. Die Mönche, die in jener abgelegenen Gegend mit einem alten Lama lebten, waren eindeutig Menschen, die der Welt entsagt hatten und die sicherlich ihre Knoten in den Kanälen gelockert hatten. Es scheint mir, dass sie auch über die Sichtweise der Leerheit von inhärenter Existenz sowie über einen mit Liebe und Mitgefühl ausgestatteten Altruismus verfügten. Ob sie nun Gelehrte waren oder nicht, sie besaßen die Essenz des Verständnisses der Leerheit.

Tropfen der essentiellen Flüssigkeit im Körper

Im Zentrum der Chakren befinden sich Tropfen, die oben weiß und unten rot sind und auf denen sowohl körperliche als auch geistige Gesundheit beruhen. An der Krone des Kopfes dominiert das weiße Element, wohingegen am Solarplexus das rote Element vorherrscht. Diese Tropfen haben ihren Ursprung im grundlegendsten Tropfen am Herzen, der die Größe eines großen Senfkornes oder einer kleinen Erbse hat und, wie die anderen auch, oben weiß und unten rot ist. Da er bis zum Tod besteht, wird dieser Tropfen am Herzen der „unzerstörbare Tropfen" genannt. Der sehr subtile lebenserhaltende Wind wohnt in diesem Tropfen. Während des Todes lösen sich schließlich alle Winde in diesen Tropfen hinein auf, woraufhin das klare Licht des Todes aufscheint.

Lassen Sie uns nun mit diesen Hintergrundinformationen über die Ebenen des Bewusstseins, über die Kanäle und Tropfen essentieller Flüssigkeit zu der Betrachtung zurückkehren, wie sich die Ebenen des Bewusstseins in den letzten Stadien des Sterbens auflösen.

Die Entwicklung der letzten vier Stadien des Todes

Die letzten vier Stadien des Todes beginnen mit drei Ebenen des subtilen Geistes und enden mit einem Stadium des sehr subtilen Geistes. Nachdem die groben Ebenen des Geistes aufgehört haben, kommen drei Stadien eines subtilen Geistes zum Vorschein. So wie Sie diese drei Stadien durchschreiten, wird Ihr Bewusstsein immer weniger dualistisch, da das Gefühl für Subjekt und Objekt immer weniger spürbar wird.

Fünftes Stadium. Wenn sich alle achtzig konzeptuellen Bewusstseinsarten der groben Ebene des Bewusstseins auflösen, tritt die erste von drei subtileren Ebenen des Bewusstseins auf, eine leuchtend klare, weiße Erscheinung, die aus eigenem Antrieb heraus entsteht. Das ist eine leuchtende Offenheit, wie ein Herbsthimmel, der von weißem Licht erfüllt ist. Nichts anderes erscheint diesem Geist. Die buddhistische Tradition führt das Beispiel eines Herbsthimmels an, da in Indien, wo diese Lehre ihren Ursprung hat, im Herbst die Monsunregen des Sommers aufgehört haben und einen Himmel zurücklassen, der frei von Wolken und frei von Staub ist. Genauso wie der Himmel oder der Raum, die reine Abwesenheit von jeglichem Hindernis ist, sind die groben konzeptuellen Bewusstseinsarten verschwunden, und lassen ein Gefühl reiner Offenheit zurück. Der erste der drei subtileren Zustände wird „Erscheinung" genannt, da eine Erscheinung *wie* das Mondlicht heraufdämmert, es gibt aber kein solches Licht, das von außen scheint. Dieser Zustand wird auch „leer" genannt, da er jenseits der achtzig konzeptuellen Bewusstseinsarten und der Winde, auf denen diese reiten, ist.

Auf körperlicher Ebene geschieht folgendes während des fünften Stadiums, auch wenn es von dem Sterbenden nicht erlebt wird: 1. Die Winde im rechten und linken Kanal *oberhalb* des Herzens treten in den Zentralkanal ein durch dessen Öffnung an der Krone des Kopfes. 2. Dadurch wird der Knoten der Kanäle an der Krone des Kopfes gelockert. 3. Das wiederum bewirkt, dass der weiße Tropfen, der sich in der Krone des Kopfes befindet und die Natur von Wasser hat, sich nach unten bewegt. Sobald er oben auf dem sechsfachen Knoten des rechten und linken Kanals am Herzen ankommt, entsteht die leuchtend klare, weiße Erscheinung.

Sechstes Stadium. Wenn sich der Geist der weißen Erscheinung und sein Wind in den Geist der Intensivierung der Erscheinung auflösen, entsteht aus eigenem Antrieb eine leuchtend klare, orangerote Erscheinung. Dies ist eine noch hellere Offenheit, wie ein Herbsthimmel ohne jeglichen Staub oder Wolken und von orangerotem Licht erfüllt. Nichts anderes erscheint diesem Geist. Dieser Zustand wird Intensivierung der Erscheinung genannt, da eine Erscheinung *wie* sehr leuchtend klares Sonnenlicht auftritt, aber wiederum gibt es kein solches Licht, das von außen scheinen würde. Dieser Zustand wird auch „sehr leer" genannt, da er sich jenseits des Geistes der Erscheinung und des Windes, auf dem dieser reitet befindet.

Auf körperlicher Ebene geschieht folgendes: 1. Die Winde im rechten und linken Kanal *unterhalb* des Herzens treten in den Zentralkanal durch dessen untere Öffnung am unteren Ende der Wirbelsäule oder des Sexualorgans ein. 2. Dadurch werden die Knoten der Chakren im Sexualorgan und am Nabel gelockert. 3. Dies bewirkt, dass der rote Tropfen in der Mitte des Chakras am Nabel, der die Form eines kleinen senkrechten Striches hat, sich nach oben bewegt. Sowie er sich genau an die Stelle unterhalb des Knotens des rechten und linken Kanals am Herzen bewegt, entsteht die orangerote Intensivierung der Erscheinung.

Siebtes Stadium. Wenn sich der Geist der orangeroten Intensivierung der Erscheinung und sein Wind in den Geist der Beinah-Verwirklichung auflösen, entsteht aus eigenem Antrieb eine leuchtend klare, schwarze Erscheinung. Das ist jetzt wie ein Herbsthimmel ohne jeglichen Staub oder Wolken, durchdrungen von der dichten Dunkelheit, die unmittelbar nach der Abenddämmerung hereinbricht. Nichts anderes erscheint diesem Geist. Während der ersten Phase des Geistes der schwarzen Beinah-Verwirklichung sind Sie noch bei Bewusstsein, aber dann werden Sie in einer dichten Dunkelheit bewusstlos, so als ob Sie in Ohnmacht fielen. Diese Phase wird „Beinah-Verwirklichung" genannt, da sie der Manifestation des Geistes des klaren Lichtes sehr nahe kommt. Sie wird auch „außerordentlich leer" genannt, da sie sich jenseits des Geistes der Intensivierung der Erscheinung und des Windes, auf dem dieser reitet, befindet.

Auf körperlicher Ebene geschieht folgendes: 1. Die oberen und unteren Winde innerhalb des Zentralkanals sammeln sich am Herzen und lockern den sechsfachen Knoten des rechten und linken Kanals. 2. In diesem Augenblick sinkt der weiße Tropfen, der von der Krone des Kopfes kommt, weiter hinab, und der rote Tropfen, der vom Nabel kommt, steigt weiter herauf, und beide treten in die Mitte des unzerstörbaren Tropfens am Herzen ein. 3. Sobald sich diese beiden treffen, entsteht die leuchtend klare, schwarze Erscheinung.

Achtes Stadium. Der Geist wird noch subtiler als während der unbewussten zweiten Phase des Geistes der schwarzen Beinah-Verwirklichung. Die Bewegung des Windes wird schwächer, und der Zustand des subtilsten Windes tritt in Erscheinung. In diesem Augenblick verschwindet die Bewusstlosigkeit und der Geist des klaren Lichtes, die subtilste Form des Geistes, nicht konzeptuell und vollkommen nicht dualistisch, offenbart sich. In diesem Augenblick hat jegliche konzeptuelle Aktivität aufgehört und die drei „verunreinigenden Bedingungen" – die weiße, rote und schwarze Erscheinung, beziehungsweise Mond, Sonne und Dunkelheit, welche das Auftreten der natürlichen Farbe des Himmelsraumes verhindern – haben sich aufgelöst. Eine sehr klare helle Offenheit entsteht wie ein Herbsthimmel bei Tagesanbruch, vor dem Sonnenaufgang, frei von jeglichen verunreinigenden Faktoren. Nichts anderes tritt in Erscheinung. Dieses tiefste und verborgenste Bewusstsein wird der „grundlegende, angeborene Geist des klaren Lichtes" genannt. Er wird auch als „all-leer" bezeichnet, da er jenseits der achtzig konzeptuellen Bewusstseinsarten und jenseits der drei subtilen Geistesarten ist.

Auf körperlicher Ebene geschieht folgendes: 1. Der weiße und rote Tropfen lösen sich in den unzerstörbaren Tropfen am Herzen auf: Der weiße Tropfen löst sich in den weißen oberen Teil des unzerstörbaren Tropfen auf, und der rote Tropfen löst sich in dessen unteren roten Teil auf. 2. Daraufhin lösen sich die Winde im Zentralkanal in den sehr subtilen lebenserhaltenden Wind auf. 3. Dies bewirkt, dass sich der sehr subtile Wind und der Geist des klaren Lichtes offenbaren.

Bei den meisten Menschen erfolgt der Tod dann, wenn sich die subtilste Ebene des Geistes zeigt. Das subtilste Bewusstsein verbleibt gewöhnlich drei Tage lang im Körper, es sei denn der Körper wurde durch schwere Krankheiten verunstaltet. In diesem Fall kann es sein, dass das subtilste Bewusstsein noch nicht einmal einen Tag lang im Körper verbleibt. Für einen fähigen Praktizierenden ist diese Zeit eine kostbare Gelegenheit für die Übung. Diejenigen, die sich des Geistes des klaren Lichts bewusst sind, können in Abhängigkeit von vorangegangener Übung für längere Zeit in diesem Zustand verweilen und können ihn sogar dazu benutzen, die Wirklichkeit der Leerheit von inhärenter Existenz aller Phänomene zu erkennen, was sowohl den Daseinskreislauf als auch Nirvana mit einschließt.

Das Erkennen der Leerheit

Das Verstehen der buddhistischen Lehre der Leerheit ist für ein Leben und Sterben mit Realitätssinn und ohne Angst sehr wichtig. Leerheit bedeutet nicht Nichtexistenz. Sie könnten denken, dass Leerheit gleichbedeutend mit „Nichts" ist. Doch das ist nicht der Fall. Wovon sind die Phänomene leer? Ohne ein Verständnis von dem, was verneint wird, werden Sie dessen Abwesenheit, die Leerheit, nicht verstehen können. Betrachten wir das folgendermaßen: Buddha hat oft gesagt, dass alle Phänomene relativ sind, da sie in Abhängigkeit entstanden sind, was bedeutet, dass sie in ihrer Existenz von Ursachen, Wirkungen und ihren eigenen Bestandteilen abhängen. Ihr Körper beispielsweise existiert nicht unabhängig. Er hängt vielmehr von einer Vielzahl von Ursachen ab, wie zum Beispiel von einer Ei- und Samenzelle wie auch von Nahrung und Wasser. Der Körper hängt auch von seinen eigenen Bestandteilen ab – den Beinen, Armen, dem Rumpf und dem Kopf.

Untersuchen Sie einmal, ob Ihr Körper, der so erscheint, als ob er eigenständig und aus sich selbst heraus existierte, von Ihren Armen und Beinen, von Ihrem Rumpf und Ihrem Kopf verschieden oder damit identisch ist. Wenn Ihr Körper so existierte, wie er erscheint, nämlich greifbar präsent, dann müsste er im Licht der Untersuchung, ob dieser Körper nun einer seiner einzelnen Bestandteile ist oder ob er die Summe seiner Bestandteile ist oder ob er vollständig von diesen Bestandteilen verschieden ist, immer deutlicher hervortreten. Je genauer Sie jedoch untersuchen, desto klarer ist es, dass Ihr Körper in keiner dieser Möglichkeiten gefunden wird. Dasselbe trifft auf alle Phänomene zu. Die Tatsache, dass Sie die Phänomene im Licht einer solchen Untersuchung nicht finden können, bedeutet, dass diese nicht aus eigener Kraft heraus existieren, sie sind nicht aus sich selbst heraus entstanden. Sie existieren nicht inhärent und unabhängig, obwohl es genau diesen Anschein hat.

Und dennoch heißt das nicht, dass Lebewesen und Dinge überhaupt nicht existieren. Vielmehr existieren sie nicht auf die Art und Weise, in der sie erscheinen, nämlich so greifbar existent. Wenn Sie gründlich untersuchen und gut meditieren, dann werden Sie die Harmonie zwischen der tatsächlichen Erscheinung von Personen und Dingen und ihrer Leerheit von inhärenter Existenz verstehen. Ohne ein solches Verständnis scheinen sich Leerheit und Erscheinung gegenseitig zu behindern und auszuschließen.

Alle Phänomene – Ursachen und Wirkungen, Handelnde und Handlungen, Gutes und Schlechtes – existieren lediglich konventionell und sind etwas in Abhängigkeit Entstandenes. Da die Phänomene für ihre Existenz auf anderen Faktoren beruhen, sind sie nicht unabhängig. Diese Abwesenheit von Unabhängigkeit, was auch Leerheit von inhärenter Existenz genannt wird, ist ihre endgültige Wirklichkeit. Dies zu verstehen, ist Weisheit.

Die Hauptursache für Leiden ist Unwissenheit – die fälschliche Auffassung, dass lebende Wesen und unbelebte Objekte inhärent existieren. Alle fehlerhaften Geisteszustände haben diesen Fehler als ihre Wurzel. Ein Hauptziel des spirituellen Weges ist es, dieser Unwissenheit entgegenzuwirken und sie mittels der Weisheit zu entfernen. Ein weises Bewusstsein, das in der Wirklichkeit begründet ist, versteht, dass lebende Wesen und andere Phänomene nicht unabhängig voneinander existieren. Das ist die Weisheit der Leerheit.

Eine der eindrucksvollsten und gewinnbringendsten Schriften des Ersten Panchen Lama ist seine *Auseinandersetzung mit der Unwissenheit*, die vergleichbar ist mit dem achten Kapitel von Shantidevas *Eintritt in das Leben zur Erleuchtung*, wo sich eine Auseinandersetzung zwischen der Ichbezogenheit und der Nächstenliebe findet. In der *Auseinandersetzung mit der Unwissenheit* des Ersten Panchen Lama gibt es eine hitzige Debatte zwischen dem unwissenden Missverständnis, dass Lebewesen und Objekte inhärent existieren, und der Weisheit des Entstehens in Abhängigkeit und der Leerheit. Als ich dieses Buch gelesen habe, wurde mir klar, dass meine Sicht des Mittleren Weges nicht an die höchste Auffassung heranreichte.

Dank dieser Erläuterung habe ich schließlich erkannt, dass es äußerst schwierig ist, die lediglich nur nominelle und zugeschriebene Existenz von Personen und Phänomenen zu postulieren, nachdem man die inhärente Existenz widerlegt hat. Dies wurde bestätigt durch einen Vers aus Tsongkhapas großartiger Darlegung von besonderer Einsicht in seiner *Großen Abhandlung über die Stufen des Weges zur Erleuchtung*:

> Obwohl es für Deinen Geist schwierig ist, das Entstehen in Abhängigkeit von Ursache und Wirkung
> Innerhalb der Abwesenheit von inhärenter Existenz zu postulieren,
> Wäre es doch wunderbar, wenn Du Dich auf eine Annäherung verlässt,
> Indem Du sagst, dass dies das System des Mittleren Weges ist.

Früher habe ich nicht in Frage gestellt, wie uns Lebewesen und Objekte erscheinen. Ich habe diese Erscheinung unberührt gelassen und betrachtete die Verneinung von inhärenter Existenz als etwas, das sich jenseits von grundsätzlicher, konventioneller Erscheinung befindet. Durch das Nachdenken über die Bedeutung des Textes des Ersten Panchen Lama jedoch entwickelte ich ein neues Verständnis. Das lässt sich am besten an der Beobachtung einer Aussage des tibetischen Gelehrten-Yogi Gungtang Könchok Tenpa Drönma aus dem späten achtzehnten und frühen neunzehnten Jahrhundert verdeutlichen:

> Durch die Tatsache, dass die inhärente Existenz mittels gründlicher Untersuchungen gesucht,
> Aber nicht gefunden werden kann, wird die inhärente Existenz widerlegt.
> Die inhärente Existenz nicht zu finden, negiert dennoch nicht die Grundlage dessen, was gesucht wird,
> Und so wird nach den Untersuchungen ein bloß nomineller Rest gesehen.

Er scheint darauf hinzuweisen, dass, abgesehen von der Widerlegung inhärenter Existenz *als Zusatz* zu dem Phänomen, die Erscheinung des Phänomens selbst nicht negiert wird. In der Tat, das Phänomen selbst wird nicht widerlegt, aber es scheint, dass hier die karmischen Erscheinungen der Phänomene in der Art, wie sie uns als durch ihren eigenen Charakter etabliert erscheinen, unangetastet bleiben und dass nur eine zusätzliche inhärente Existenz verneint wird. Und dies ist genau die Sichtweise der unteren der beiden Schulen des Mittleren Weges, der sogenannten autonomen Schule.

Für die Anhänger dieser autonomen Schule würden Phänomene, wenn diese endgültig begründet wären, in ihrer eigenen Daseinsweise begründet sein. Dies würde bedeuten, dass sie der höchsten Weisheit erscheinen müssten. Da aber Phänomene wie die vier Elemente der höchsten Weisheit nicht erscheinen, existieren sie nicht endgültig. Das ist die Sichtweise der autonomen Schule. Es scheint mir, dass es von solch einer Perspektive her, im Gegensatz zum oben zitierten Vers Tsongkhapas über die Sichtweise der höheren der beiden Schulen des Mittleren Weges, *nicht* schwierig wäre, das Entstehen in Abhängigkeit von Ursache und Wirkung im Lichte einer solchen Untersuchung zu postulieren.

Die *Auseinandersetzung mit der Unwissenheit* des Ersten Panchen Lama macht deutlich, dass, wenn uns Formen und Phänomene erscheinen, sie von Anfang an so erscheinen, als ob sie durch ihr eigenes Wesen begründet seien, und dass es daher so aussieht, als ob das Phänomen selbst nicht länger gültig sei, wenn diese seine Erscheinung einmal widerlegt ist. Deshalb sagt auch Tsongkhapa, es sei *schwierig*, das Entstehen in Abhängigkeit von Ursache und Wirkung innerhalb der Abwesenheit von inhärenter Existenz zu verstehen. Durch die Hilfe der *Auseinandersetzung mit der Unwissenheit* des Ersten Panchen Lama habe ich verstanden, dass die Aussage Tsonghkapas korrekt ist. Dieses Buch war wirklich sehr hilfreich.

Die Erkenntnis, dass Sie nicht inhärent existieren (durch die Begründung, dass Sie weder einer noch viele sind, dass Sie weder singulär noch plural sind und indem Sie diese Sichtweise dann aufrecht erhalten), entzieht – ein wenig – der Unwissenheit den Boden, die sich die inhärente Existenz denkt und vorstellt. Diese Erkenntnis überwindet jedoch nicht vollständig die begriffliche Auffassung von inhärenter Existenz, die in Bezug auf Sie selber immer noch bestehen bleibt. Warum? Weil ein konventionelles, inhärent existentes „Ich" für dieses Bewusstsein bestehen bleibt. Sobald dieses „Ich" erscheint, erscheint zusammen mit diesem „Ich" die inhärente Existenz, die widerlegt werden muss. Notwendig ist daher die Erkenntnis, dass dieses „Ich", das beim Beobachten des Geistes und des Körpers erscheint, nicht existiert. *Dieses „Ich" existiert nicht.* Der Erste Panchen Lama sagt:

> Widerlege nur die wahrhafte Existenz
> Des „Ich", das erscheint, wenn der Geist und der Körper
>   beobachtet werden,
> Und mache dann genau diese Abwesenheit zum Objekt
>   Deiner Aufmerksamkeit,
> Mit deutlichem Erscheinen und ohne seine Kraft abnehmen
>   zu lassen.

Wenn man auf diese Art und Weise meditiert – so die Aussage des Ersten Panchen Lama – wird der begrifflichen Auffassung von inhärenter Existenz der Boden entzogen. Das hat mir sehr geholfen.

Hier, während der Stadien des Sterbeprozesses, versuchen Sie, diese endgültige Natur der Phänomene, die Leerheit von inhärenter Existenz, zum Betrachtungsgegenstand der subtileren und wirksameren Geistesarten zu machen und sich dann eingerichtet darauf zu konzentrieren. Durch diesen Yoga werden

Sie Ihre eigene höchste und endgültige Natur erkennen. Von den zwei Wirklichkeiten, der konventionellen und der absoluten, nehmen Sie die absolute Wirklichkeit – die Abwesenheit von inhärenter Existenz – in Ihren Geist auf.

ZUSAMMENFASSUNG

1. Beobachten Sie, wie verschiedene Geisteshaltungen und begriffliche Auffassungen unterschiedliche Stärke haben, je nach der Stärke der Bewegung des Windes zu seinen jeweiligen Objekten hin.
2. Lernen Sie, dass nach den vier inneren Anzeichen der Luftspiegelung, des Rauches, der Glühwürmchen und der Flamme einer Kerze oder Butterlampe (zuerst flackernd und dann ruhig) drei Arten eines subtileren Geistes erscheinen: Der Geist der leuchtend klaren, weißen Erscheinung, der Geist der orangeroten Intensivierung der Erscheinung und der Geist der schwarzen Beinah-Verwirklichung.
3. Erinnern Sie sich daran, dass Sie anstreben, diese subtileren Geistesarten zu nutzen, um die Wirklichkeit der Leerheit zu verwirklichen.
4. Leerheit bedeutet nicht Nichtexistenz. Leerheit bedeutet vielmehr die Abwesenheit von unabhängiger Existenz, sowohl bei Lebewesen als auch bei Dingen.
5. Lernen Sie, die Phänomene zu untersuchen: Konzentrieren Sie sich darauf, ob ein Phänomen mit irgendeinem seiner Bestandteile identisch ist, oder ob es die Summe dieser Bestandteile ist, oder etwas gänzlich anderes. Das wird Ihnen zeigen, dass Phänomene nicht auf die konkrete Weise existieren, in der sie erscheinen.
6. Alle Ursachen und Wirkungen, Handlungen und Han-

delnde, Gutes und Schlechtes existieren nur konventionell und sind etwas in Abhängigkeit Entstandenes.
7. Deren Abwesenheit von Unabhängigkeit – oder ihre Leerheit von inhärenter Existenz – ist ihre endgültige Wirklichkeit. Das ist es, was Weisheit versteht und wodurch der Unwissenheit hinter der Begierde und dem Hass und dem Leiden, das diese verursachen, der Boden entzogen wird.
8. Erkennen Sie mit Hilfe von diesem Yoga Ihre eigene endgültige Natur sowie diejenige aller Phänomene.

Achtes Kapitel

Das klare Licht des Todes

Erkenne, dass der Körper vergänglich ist wie ein Tongefäß.
Wisse, dass Phänomene ohne inhärente Existenz sind wie Luftspiegelungen.
Nachdem Du die giftigen Waffen der Anhaftung – attraktiv und verlockend wie Blumen – vernichtet hast,
Wirst Du sogar jenseits dessen schreiten, was der Tod sieht.

BUDDHA

Zwölfte Strophe

Mögen sich das klare Licht der Mutter und das klare Licht des Kindes treffen,
Wenn sich die Beinah-Verwirklichung in das All-Leere auflöst
Und alle konzeptuellen Vervielfachungen aufhören und eine Erfahrung
Wie ein Herbsthimmel frei von verunreinigenden Bedingungen entsteht.

Entsprechend dem Höchsten Yoga-Tantra gibt es keinen subtileren Geist als den Geist des klaren Lichts. Dieser Geist des klaren Lichts dient als die Grundlage für alle Erscheinungen sowohl des Daseinskreislaufes als auch des Nirvana, und er besteht ununterbrochen seit dem anfangslosen Daseinskreislauf. Er ist nicht temporär – und wird daher der *grundlegende Geist* genannt, wohingegen der Geist der schwarzen Beinah-

Verwirklichung, der Geist der orangeroten Intensivierung der Erscheinung, der Geist der weißen Erscheinung und so weiter durch die Kraft von Ursachen und Bedingungen *neu* geschaffen werden und zwangsläufig wieder enden müssen. Sie werden deshalb temporär und zufällig genannt. Dieser all-leere, grundlegende Geist des klaren Lichtes ist der innerste und verborgenste Geist.

Alle anderen Geistesarten sind als grob zu betrachten, obwohl es unter ihnen viele verschiedene Abstufungen der Grobheit und der Feinheit gibt. Im Vergleich zum Geist des klaren Lichtes sind auch die Geistesarten der weißen Erscheinung, der orangeroten Intensivierung der Erscheinung und der schwarzen Beinahe-Verwirklichung, die subtiler als das gewöhnliche Bewusstsein sind, grob. Verglichen mit dem grundlegenden Geist des klaren Lichtes sind sie nur temporär, genau wie die gewöhnlichen Bewusstseinsarten.

Aus dieser Perspektive kann die Stadt der irrtümlichen konzeptuellen Auffassungen von Subjekt und Objekt, die in der vierten Strophe erwähnt wurde, auch auf die Phänomene verweisen, die durch Handlungen (Karma) geschaffen werden, die selbst wiederum aus dem groben Konzeptualisieren der gröberen Ebenen des Bewusstseins heraus entstehen. Wer in der Lage ist, für immer in dem grundlegenden Geist des klaren Lichtes zu verweilen, ohne sich durch die gröberen Ebenen zurückzubewegen, hat keine Gelegenheit, Karma anzusammeln. Um jedoch dauernd im Geist des klaren Lichtes zu verbleiben, müssen die Hindernisse für die Allwissenheit entfernt werden, die Befleckungen der irrtümlichen *Erscheinung* von Subjekt und Objekt, als ob diese inhärent existierten. Wenn man im Geist des klaren Lichtes verweilen kann, hören die konzeptuellen Bewusstseinsarten auf. Bis zu diesem Zeitpunkt steht man unter der Herrschaft der gröberen Ebenen des Bewusstseins, des vorübergehenden begrifflichen Denkens, und man häuft Karma an.

In der letzten Phase des Sterbens, wenn sich alle groben Bewusstseinsarten in das All-Leere, das klare Licht oder den grundlegenden, angeborenen Geist hinein auflösen, werden die zahllosen Objekte der Welt, wie auch die Begriffe und Konzepte, zum Beispiel Gleichheit oder Verschiedenheit, in diesem subtilsten Geist beruhigt und beigelegt. Alle Erscheinungen von Objekten und Lebewesen haben sich von selbst zurückgezogen. Wenn Sie fähig sind, das klare Licht des Todes in ein vollkommen geeignetes spirituelles Bewusstsein zu verwandeln, erkennt der Geist sein eigenes Gesicht, seine eigene Natur: das innerste Wesen des grundlegenden Geistes.

Auch bei denen, die keine Praktizierenden sind, ziehen sich die gröberen Erscheinungen zurück. Dieser Rückzug der konventionellen Erscheinungen erfolgt jedoch nicht durch ein Wahrnehmen der Wirklichkeit, das durch die Meditation erreicht wird. In diesen vier letzten Stadien des Sterbens werden die Winde, die als die Grundlage für das Bewusstsein dienen, zunehmend subtil. Wenn sich dann im letzten Stadium die vorübergehenden Winde, die das Bewusstsein tragen, aufgelöst haben, wird der Geist (egal ob eines Praktizierenden oder eines Nichtpraktizierenden) undifferenziert, und eine makellose Offenheit entsteht.

Ein Praktizierender versucht jedoch, über diese gewöhnliche Leerheit, über diese bloße Abwesenheit von konventionellen Erscheinungen hinauszugehen. Wenn das klare Licht erscheint, versuchen Sie, die außergewöhnliche Leerheit von inhärenter Existenz mit Hilfe des Geistes des klaren Lichtes selbst zu verwirklichen. Das kann nicht durch Bemühung während des Zeitpunktes des klaren Lichts selbst geschehen, sondern entsteht durch die Kraft der Vertrautheit, die vor den Phasen der Auflösung erlangt wurde, und durch eine starke Achtsamkeit für die Leerheit während des Aufscheinens der drei Geistesarten der weißen, roten und schwarzen Erscheinung. Dies bestätigt, wie wichtig die kontinuierliche Übung ist.

Der Eckpfeiler meiner eigenen Übung ist die Reflektion über die vier grundlegenden buddhistischen Lehren über die Vergänglichkeit, das Leiden, die Leerheit und die Ich-Losigkeit. Zusätzlich meditiere ich als Teil von acht unterschiedlichen täglichen rituellen Übungen die Stadien des Sterbens. Ich stelle mir die Auflösung des Erdelementes in das Wasser, des Wassers in das Feuerelement und so weiter vor. Obwohl ich nicht behaupten kann, besonders tiefgehende Erfahrungen zu haben, hört mein Atem an der Stelle ein kleines bisschen auf, wenn es das Ritual erfordert, sich die Auflösung aller Erscheinungen vorzustellen. Ich bin sicher, dass sich dies vollständiger manifestiert, wenn ein Praktizierender die Auflösungsphasen in einer gründlicheren und bedächtigeren Art und Weise visualisiert. Da alle meine täglichen Übungen des Gottheitenyoga das Visualisieren des Todes beinhalten, gewöhne ich mich an diesen Prozess. Und somit werden mir diese Stadien während des tatsächlichen Sterbens vermutlich bekannt vorkommen. Ob ich dann aber erfolgreich sein werde oder nicht, das weiß ich nicht.

Einige meiner religiösen Freunde, darunter Praktizierende eines Systems innerhalb der Nyingma-Tradition im tibetischen Buddhismus, das die Große Vollkommenheit genannt wird, haben von tiefgehenden Erfahrungen der Auflösung berichtet, die immer noch nur Ähnlichkeiten mit den tatsächlichen Erfahrungen hatten. Einige Tibeter, die bereits für klinisch tot erklärt wurden, blieben ziemlich lange Zeit in diesem Zustand, ohne Anzeichen für die Verwesung des Körpers aufzuweisen. Gerade letztes Jahr blieb der Körper eines Lama aus dem Orden der Sakya für mehr als zwanzig Tage frisch, ohne Verwesungsprozess. Er „starb" in Dharamsala, verblieb aber in der Meditation, immer noch in Dharamsala, bis dann seine Leiche nach Rajpur im Gebiet nahe von Dehra Dun gebracht wurde, wo sie immer noch nicht verweste. Das war bemerkenswert und ungewöhnlich. Ich kenne ungefähr fünfzehn Tibeter, deren Leichen auf ähnliche Weise keine Anzeichen für die Verwesung aufwiesen – einige für ein paar Tage, einige länger, die längste Dauer war drei Wochen. Mein eigener erster Privatlehrer Ling Rinpoche verblieb dreizehn Tage lang in diesem Zustand.

Die beste Form dieses Zustandes, die in der Umwandlung in spirituelle Erfahrung besteht, wird das Zusammentreffen des klaren Lichtes der Mutter und des klaren Lichtes des Kindes genannt. Das klare Licht der Mutter erscheint während des Sterbens auf natürliche Weise durch die Kraft des Karma. Das klare Licht des Kindes wird durch das Kultivieren des spirituellen Weges entwickelt und durch die Anstrengungen eines Yogi in vorausgegangenen Meditationen erlangt. Das Treffen des klaren Lichts der Mutter und des Kindes ist nicht wie das tatsächliche Aufeinandertreffen von zwei verschiedenen Wesen. Vielmehr verwandelt sich das klare Licht der Mutter, das sich aufgrund von Karma entwickelt, in ein spirituelles Bewusstsein, das klare Licht des Kindes. Das ist das Treffen des klaren Lichtes der Mutter und des Kindes.

In einer anderen Erklärung wird das klare Licht des Kindes als die Leerheit verstanden, und das Treffen dieser beiden klaren Lichter bedeutet, dass man das klare Licht der Mutter nicht einen gewöhnlichen Geist des Todes sein lässt, sondern die Leerheit von inhärenter Existenz – das klare Licht des Kindes – zu seinem Objekt nimmt. Das klare Licht der Mutter als einen gewöhnlichen Geist des Todes zu betrachten, ist die üblichere Erklärung, der Sinn ist aber im Wesentlichen der gleiche.

Subtile Tropfen als Grundlage für die subtilen Geistesarten

Wie oben beschrieben wurde, hängt die Manifestation der tieferen Ebenen des Bewusstseins aufs engste mit den physischen Prozessen der vier Elemente von Erde, Wasser, Feuer und Luft zusammen, und ganz besonders dem vierten Element der Luft, da die Winde als Grundlagen für das Bewusstsein dienen. Ebenso mit dem Sterbeprozess verbunden ist ein Tropfen von subtiler Materie am Herzen, der das subtilste Bewusstsein des gewöhnlichen Zustandes enthält.

Im Kalachakra-Tantra, einem anderen Tantra des Höchsten Yoga, das von Buddha gelehrt und in Indien im zehnten Jahrhundert weithin bekannt wurde, gibt es eine faszinierende Darstellung von acht Tropfen subtiler Materie an strategisch wichtigen Orten im Körper. Das sind Orte von Befleckungen, die gereinigt, und von Potential, das genutzt werden soll. Wie der Tropfen im Herzen im Guhyasamaja-Tantra (das, wie bereits erwähnt wurde, das Hauptsystem ist, welches in diesem Buch erklärt wird) bestehen diese acht Tropfen aus subtiler Materie, haben die Größe eines Senfkornes, bestehen aus den grundlegenden weißen und roten Bestandteilen und sind auch die Stützen für die subtilen Bewusstseinsarten. Neigungen, geformt durch heilsame und unheilsame Handlungen, werden in diese subtilen Bewusstseinsarten eingegeben. Handlungen von Körper, Rede und Geist lagern latente Tendenzen in den Bewusstseinsarten ab, die in diesen materiellen Tropfen wohnen. Dort werden sie gespeichert, bis bestimmte Bedingungen bewirken, dass sie sich als Freude, Schmerz und als die anderen Ereignissen des Daseinskreislaufes manifestieren.

Es gibt zwei Sets von jeweils vier Tropfen, und jedes Paar arbeitet zusammen, um unterschiedliche Zustände des Bewusstseins hervorzurufen. Das erste Set befindet sich 1. an der Stirn (oder an der Krone des Kopfes), 2. an der Kehle, 3. am Herzen und 4. am Nabel. Das zweite Set befindet sich 1. am Nabel, 2. am geheimen Ort (dem unteren Ende der Wirbelsäule), 3. dem Zentrum des Sexualorgans und 4. an der Spitze des Sexualorgans. Die Tropfen an der Stirn und dem Nabel erzeugen den Zustand des *Wachseins*. Die Tropfen an der Kehle und am unteren Ende der Wirbelsäule erzeugen den Zustand des *Träumens*. Die Tropfen am Herzen und in der Mitte des Sexualorgans erzeugen den Zustand von *tiefem Schlaf*. Und die Tropfen am Nabel und an der Spitze des Sexualorgans erzeugen den Zustand *sexueller Glückseligkeit*. Wie Sie sehen können, enthält der eine Tropfen am Nabel zwei verschiedene Neigungen in sich: Eine dieser beiden Neigungen erzeugt den Wachzustand in seiner Rolle als vierter des oberen Sets von Tropfen, und die andere Neigung erzeugt den Zustand sexueller Glückseligkeit in seiner Rolle als erster des unteren Sets von Tropfen.

Jeder Tropfen enthält zwei Potenzen: rein und unrein. Wenn wir wach sind, sammeln sich die Winde des oberen Teils des Körpers an der Stirn, die Winde des unteren Teils des Körpers sammeln sich am Nabel und die reinen Potenzen erzeugen reine Erscheinungen von Objekten, wohingegen die unreinen Potenzen Erscheinungen unreiner Objekte erzeugen. Während des Träumens sammeln sich die oberen Winde an der Kehle und die unteren Winde am geheimen Ort, und die reinen Potenzen erzeugen reine Klänge, wohingegen die unreinen Potenzen verwirrte Rede erzeugen. Im tiefen Schlaf sammeln sich die oberen Winde am Herzen und die unteren Winde im Zentrum des Sexualorgans, und die reinen Potenzen erzeugen nichtkonzeptuelle Klarheit, wohingegen die unreinen Potenzen Unklarheit erzeugen. Während starker sexueller Erregung sammeln sich die oberen Winde am Nabel und die unteren Winde an der Spitze des Sexualorgans, und die reinen Potenzen erzeugen Glückseligkeit, wohingegen die unreinen Tendenzen den Samenerguss (bei Männern) oder die Absonderung von Sexualsekret (bei Frauen) erzeugen.

Spirituelle Übung in der Tradition des Kalachakra zielt auf das Läutern dieser vier Tropfenpaare ab. Durch die Läuterung der Tropfen an der Stirn und am Nabel, die die Erscheinung von unreinen Objekten während des Wachzustandes hervorrufen, werden die Objekte zu Erscheinungen leerer Formen – Formen jenseits bloßer Materie. Als leere Formen können diese Erscheinungen auf dem Weg zur Erleuchtung genutzt werden. Die Tropfen an der Kehle und am unteren Ende der Wirbelsäule haben die Kraft, fehlerhafte Rede hervorzurufen. Doch durch ihre Läuterung ist es möglich, „unbesiegbare Klänge" zu enthüllen, die auf dem spirituellen Weg genutzt werden können. Die Tropfen am Herzen und in der Mitte des Sexualorgans haben die Fähigkeit, Unklarheit zu erzeugen. Doch durch ihre Läuterung ist es möglich, nichtkonzeptuelle Weisheit auf dem spirituellen Weg zu nutzen. Die Tropfen am Nabel und an der Spitze des Sexualorgans haben die Fähigkeit, den Samenerguss oder die Absonderung von Sexualsekret zu erzeugen, und durch ihre Läuterung kann die Glückseligkeit in die unveränderliche große Glückseligkeit ohne Emission umgewandelt und für spirituelle Ziele genutzt werden. Diese positiven Fähigkeiten werden zu immer höheren Formen entwickelt und schließlich in den besonderen diamantgleichen Körper, Rede, Geist und Glückseligkeit eines Buddha umgewandelt.

Im Lehrsystem des Kalachakra sind alle Hindernisse, die die Lebewesen an einen Zustand des Leidens und der Begrenzungen fesseln und sie davon abhalten, auf altruistische Art und Weise zu wirken, in diesen vier Tropfenpaaren enthalten. Es ist nicht die materielle Substanz der Tropfen selber, die als Grundlage für das karmische Eingeben von Hindernissen dient. Vielmehr werden die sehr subtilen Winde und die Geistesarten, die in diesen zwei Sets von jeweils vier Tropfen wohnen, von karmischen Kräften, heilsamen und unheilsamen, durchdrungen. Die materiellen Tropfen bilden die Stützen für diese subtilen Geistesarten und Winde, genauso wie unser grober physischer Körper unseren Geist stützt.

Vor zwei Jahren erlangte ein tibetischer Yogi, der die Meditation der Großen Vollkommenheit innerhalb der Nyingma-Tradition praktizierte, einen Zustand des vollständigen Auflösens seines groben physischen Körpers, den wir das „Erlangen eines Regenbogenkörpers" nennen. Sein Name war Achok, und er kam von Nyarong. Er hatte zeitweise Philosophie an einer Klosteruniversität der Gelukpas, die Sera genannt wird, studiert. Er hatte auch Belehrungen von meinem zweiten Privatlehrer Trijang Rinpoche erhalten, aber sein Hauptlehrer war der Nyingma Lama Dudjom Rinpoche. Obwohl er Tantra gemäß der alten und neuen Schulen des tibetischen Buddhismus praktizierte, bestand seine Hauptübung in der Rezitation des Mantra *om mani padme hum* und in der dieses begleitenden Meditation.

Bis vor ungefähr drei Jahren sagte er häufig, dass er hoffe, in diesem Leben den Dalai Lama zu treffen. Dann hat er eines Tages seine Schüler gerufen und sie gebeten, Opferungen für das lange Leben des Dalai Lama durchzuführen. Nach den Opferungen überraschte er seine Schüler, indem er ankündigte, dass er bald weggehen würde. Er legte seine safrangelben Mönchsroben an und bat seine Schüler, ihn eine Woche lang in seinem Zimmer einzuschließen. Seine Schüler kamen seinem Wunsch nach, und nachdem sie nach einer Woche das Zimmer öffneten, entdeckten sie, dass der Lama vollständig verschwunden war und er nur seine Roben zurückgelassen hatte. Einer seiner Schüler und einer seiner Gefährten auf dem Übungsweg kamen nach Dharamsala, wo sie mir diese Geschichte erzählten und ein Stück seiner Robe überreichten.

Da dieser Lama als ein ganz einfacher Mönch in der Meditationsklausur lebte, ohne Überheblichkeit und Hochmütigkeit, anders als so manch andere Lamas, hat er sich als ein guter Praktizierender erwiesen, woraufhin dann dies geschehen ist. Daran lässt sich die Verbindung zwischen Ursache und Wirkung verdeutlichen. Und dann gibt es andere, von denen Wunder ohne die entsprechenden Ursachen behauptet werden.

Im Höchsten Yoga-Tantra werden die Potentialitäten, die im gewöhnlichen Leben mit Hilfe des sehr subtilen Windes und Geistes unreine Umgebungen und Lebewesen erzeugen, durch die Übung des spirituellen Weges geläutert, wodurch sie in den reinen, altruistischen Geist, Körper und Rede eines Buddha umgewandelt werden. Unser Ziel ist es, den grundlegenden, angeborenen Geist des klaren Lichts, die subtilste Ebene des Bewusstseins, zu manifestieren und innerhalb dieser Ebene des Geistes zu verweilen, ohne auf die gröberen Ebenen zurückzufallen. Dieser geläuterte Zustand ist jedoch nicht nur geistiger Art – er beinhaltet auch einen Körper, aber einen Körper, der vom subtilen Wind, der die Stütze des Geistes des klaren Lichtes ist, geformt wird. Das endgültige und höchste Ziel dieser Manifestationen ist es, anderen zu helfen, die gleiche Freiheit von Leiden und Begrenzungen zu erlangen.

Der Mittelpunkt dieses Läuterungsprozesses ist das Erkennen der leuchtend klaren und wissenden Natur des Geistes – man versteht, dass die leidbringenden Emotionen bzw. Geistesplagen, wie zum Beispiel Gier, Hass, Feindseligkeit, Eifersucht und Streitsucht nicht die Essenz des Geistes bilden, sondern an seiner Peripherie liegen. Wenn der Geist seine eigene Natur erkennt und dieses Wissen mit starker und wirksamer Konzentration zusammengespannt wird, wird es nach und nach möglich werden, die leidbringenden Zustände, die den Prozess des sich wiederholenden Leidens antreiben, zu verringern und schließlich ganz zu überwinden. Dies ist die tibetische Sicht der innigen Beziehung zwischen Geist und Materie und ihre Zusammenarbeit im Prozess der Läuterung, der durch Altruismus gelenkt wird.

Zusammenfassung

1. Das letzte Stadium im Sterbeprozess tritt ein, wenn sich der grundlegende, angeborene Geist des klaren Lichtes zeigt. Dieser Geist existiert schon seit anfangsloser Zeit und wird für immer existieren.
2. In der Buddhaschaft wird man schließlich dazu fähig, in diesem angeborenen Geist des klaren Lichtes zu verweilen, ohne den rückläufigen Prozess der gröberen Bewusstseinsebenen zu durchlaufen. Dann gibt es keine Gelegenheit mehr, Karma anzusammeln.
3. Selbst für einen Menschen, der nicht praktiziert, wird sich die Abwesenheit von gröberen Erscheinungen während des Todes zeigen. Ein weit fortgeschrittener Praktizierender jedoch versucht, diesen Geist für die Erkenntnis der Wahrheit, der Leerheit von inhärenter Existenz zu nutzen mittels der Kraft der Vertrautheit, die durch Meditation auf die Leerheit gewonnen wurde.
4. Der gewöhnliche Geist des klaren Lichtes, der sich im letzten Stadium des Todes manifestiert, wird das klare Licht der Mutter genannt. Das klare Licht, das durch die Kraft der Übung auf dem spirituellen Weg entwickelt wird, wird das klare Licht des Kindes genannt.
5. Wenn sich das klare Licht der Mutter, das sich aufgrund von Karma zeigt, in ein spirituelles Bewusstsein, das die Leerheit erkennt (das klare Licht des Kindes) umwandelt, wird diese Umwandlung das Treffen des klaren Lichtes der Mutter und des klaren Lichtes des Kindes genannt.

Dreizehnte Strophe

Mögen wir in einsgerichteter, tiefgründiger Meditation verankert sein,
Innerhalb der höchsten Weisheit der Vereinigung von angeborener Glückseligkeit und Leerheit,
Während der vier Leeren, die auf das Schmelzen des mondgleichen weißen Bestandteils
Durch das Feuer der blitzgleichen Mächtigen Frau folgen.

Durch Konzentrationstechniken entwickeln Yogis die Innere Hitze, die auch das „Kraftvolle Weibliche" (tibetisch: *Tumo*) genannt wird, die sich von ihrer Hauptstelle im Solarplexus im Zentralkanal aufwärts bewegt. Diese Innere Hitze schmilzt den weißen Bestandteil im Komplex der Kanäle an der Krone des Kopfes (dem Chakra der großen Glückseligkeit). Bildlich wird dieser essentielle weiße Bestandteil mit dem Mond verglichen und wird Erleuchtungsgeist (Bodhicitta) genannt. Indem der weiße Bestandteil schmilzt, bewegt er sich im Zentralkanal nach unten. Und so wie er nach und nach die Chakren an der Kehle, am Herzen, dem Nabel und dem geheimen Ort erreicht, werden vier Stufen der Freude erfahren – Freude, höchste Freude, besondere Freude und angeborene Freude.

Diese vier Freuden sind erhabene Weisheiten von großer Glückseligkeit. Diese freudigen Weisheiten nehmen die Leerheit als das Objekt ihrer Erkenntnis, und daher wird gesagt, dass sich Glückseligkeit und Leerheit vereinigen. Durch die meditative Weisheit der großen Glückseligkeit im Höchsten Yoga-Tantra ist es möglich, das aufgrund von Karma während des Todes entstehende klare Licht der Mutter in das Bewusstsein des spirituellen Weges (das klare Licht des Kindes) umzuwandeln. Der Wunsch in dieser Strophe des Gedichtes des Panchen Lama (die letzte Strophe, die sich mit dem Tod beschäftigt) zielt darauf ab, über diese Fähigkeit zu verfügen.

Jemand, der täglich das Höchste Yoga-Tantra praktiziert, stellt sich die Erscheinungen der acht Zeichen des Todes – Luftspiegelung, Rauch, Glühwürmchen, Flamme einer Butterlampe, leuchtend klare weiße Erscheinung, leuchtend klare orangerote Intensivierung der Erscheinung, leuchtend klare Beinah-Verwirklichung und das klare Licht – in Verbindung mit der Kontemplation der Leerheit vor. Das geschieht mit einer dreifachen Achtsamkeit: Sie erkennen das Anzeichen, das gerade erscheint, dann erkennen Sie das vorausgegangene Anzeichen und dann das folgende Anzeichen. Zum Beispiel: „Glühwürmchen erscheinen. Rauch ist gerade vorübergegangen. Eine Flamme wird erscheinen." Obwohl die acht Zeichen nicht tatsächlich in der Meditation erscheinen, außer bei fortgeschrittenen Yogis, hält man die dreifache Achtsamkeit in der Vorstellung aufrecht, um Vertrautheit mit diesen Anzeichen zu entwickeln. In ausgereifter Praxis und wenn man die Ebene tatsächlichen Geübtseins erreicht hat, verbleibt man in der meditativen Konzentration über die Leerheit und die Anzeichen erscheinen aus eigener Kraft heraus.

Gottheiten-Yoga

In der Übung des Tantra wird die Vorstellungskraft genutzt, um die spirituelle Entwicklung zu beschleunigen. Gottheiten-Yoga verlangt, dass 1. Sie sich vorstellen, dass Ihr Geist (obwohl er normalerweise von leidbringenden Emotionen gequält wird) ein Geist reiner Weisheit ist und durch Mitgefühl motiviert wird; 2. Sie die Erscheinung Ihres gewöhnlichen Körpers (der aus Fleisch, Blut und Knochen zusammengesetzt ist) durch einen Körper ersetzen, der aus der Weisheit, durch Mitgefühl motiviert, entstanden ist; 3. Sie ein Gespür für ein reines Selbst entwickeln, das sich auf einen als rein erscheinenden Geist und Körper in einer idealen Umgebung stützt und vollkommen damit beschäftigt ist, anderen zu helfen. Auf diese Weise visualisieren Sie, dass Sie über den Körper, die Aktivitäten, Mittel und Umgebung eines Buddha verfügen. Die Vorstellungskraft ist der Schlüssel. Wenn Sie über sich selbst in diesem idealen Zustand meditieren, beginnen Sie zuerst damit, über die Leerheit zu reflektieren und so viel Bewusstheit über die Leerheit von inhärenter Existenz zu entwickeln, wie es Ihnen möglich ist. Aus diesem Bewusstsein heraus erscheint die Gottheit. Der Geist, der die Leerheit erkennt, erscheint als die Gottheit in ihrer jeweiligen Umgebung und mit ihren Fähigkeiten und mitfühlenden Taten. Auf diese Weise ist Gottheiten-Yoga die Vereinigung von Weisheit und Mitgefühl. Ein einziges Bewusstsein erkennt die Leerheit und erscheint zugleich in der Form einer aus Mitgefühl handelnden Gottheit.

In der besonderen Übung des Gottheiten-Yoga im Höchsten Yoga-Tantra, welches sechsmal täglich ausgeführt wird, reflektieren die Praktizierenden auf entsprechende Weise zuerst über die Leerheit, aber dann verbinden sie ihre jeweilige Stufe des Verstehens der Leerheit mit der schrittweisen Entfaltung der acht Zeichen des Todes. Als letzten Schritt nutzen sie den Geist des klaren Lichts, der die Leerheit erkennt – oder ein Bewusstsein, das solch einen Geisteszustand nachahmt – als die Grundlage, aus der heraus sie in einer idealen, mitfühlenden Form als eine Gottheit erscheinen.

Sexuelle Vereinigung und der spirituelle Weg

Ein Praktizierender oder eine Praktizierende, die über festes Mitgefühl und Weisheit verfügt, kann den Geschlechtsverkehr auf dem spirituellen Weg als eine Methode nutzen, um das Bewusstsein wirkungsvoll zu fokussieren und den angeborenen Geist des klaren Lichts zu manifestieren. Ziel ist, die tieferen Ebenen des Geistes zu verwirklichen und zu verlängern, um deren Kraft zu nutzen, die Erkenntnis der Leerheit zu stärken. Der bloße Geschlechtsakt hat nichts mit spiritueller Entwicklung zu tun. Wenn aber ein Mensch einen hohen Grad der Übung in Mitgefühl und Weisheit erlangt hat, lenkt selbst das Zusammentreffen der beiden Geschlechtsorgane, sogenannter Geschlechtsverkehr, nicht von der Aufrechterhaltung eines reinen Verhaltens ab.

Auf welche Weise hilft der Geschlechtsverkehr auf dem Weg? Da das Potential der gröberen Ebenen des Geistes sehr beschränkt ist und die tieferen und subtileren Ebenen viel mächtiger sind, müssen fortgeschrittene Praktizierende sich einen Zugang zu diesen tieferen Ebenen des Geistes schaffen. Dafür muss das gröbere Bewusstsein geschwächt und vorübergehend gestoppt werden. Und um dies zu erreichen, ist es nötig, dramatische Veränderungen im Fluss der inneren Energien zu bewirken. Obwohl kürzere Versionen der tieferen Ebenen des Geistes während des Niesens und Gähnens auftreten, ist es offensichtlich, dass diese nicht verlängert werden können. Ebenso sind vorherige Erfahrungen mit der Manifestation der tieferen Ebenen des Geistes notwendig, um ihr Auftreten während des Tiefschlafes nutzen zu können. An diesem Punkt wird der Geschlechtsverkehr genutzt. Durch spezielle Konzentrationstechniken während des Orgasmus können qualifizierte Praktizierende sehr tiefe, subtile und mächtige Geisteszustände verlängern und diese dazu nutzen, die Leerheit zu erkennen. Falls Sie jedoch innerhalb eines gewöhnlichen geistigen Kontextes Geschlechtsverkehr betreiben, entsteht daraus kein Nutzen.

Der Vater des verstorbenen Serkong Rinpoche war sowohl ein großer Gelehrter als auch ein verwirklichter Praktizierender. Er kam aus dem Kloster Ganden, das in einiger Entfernung südöstlich von Lhasa liegt. Aber sein Hauptlehrer Trin Ngawang Norbu lebte im Kloster Drepung, das sich westlich von Lhasa befindet. Serkong Rinpoches Vater blieb daher meistens in Lhasa, und täglich machte er sich frühmorgens auf den langen Weg nach Drepung, um dort seinem Lehrer Wasser zu holen, sein Zimmer zu fegen und gelegentlich Belehrungen zu empfangen und kehrte dann wieder nach Lhasa zurück.

Eines Nachts traf Serkongs Vater eine junge Frau und verlor seine Gelübde. Er bereute dies sehr und ging am nächsten Morgen in Tränen nach Drepung. Als er aber im Zimmer seines Lehrers ankam, hatte dieser schon eine Zeremonie für die Wiedergutmachung durchgeführt. Der Lehrer, Trin Ngawang Norbu, sagte: „Du bist zurückgefallen. Doch das ist recht und gut. Jetzt solltest Du Tantra mit einer Gefährtin praktizieren." Allein schon das war ungewöhnlich. Aber noch viel außergewöhnlicher war, dass nach dem Tod der Gefährtin das Mantra der Gottheit Vajrayogini in ihrem Schädelknochen sichtbar war.

Da gab es zur gleichen Zeit einen anderen Lama, Tabung Rinpoche, der mit einer Gefährtin zusammen praktizierte. An einem glücksverheißenden Tag des Monats, als der Regent und einige andere hochrangige Lamas wie zum Beispiel Trijang Rinpoche, der mein zweiter Privatlehrer wurde, von ihm Belehrungen empfingen, wurde ein Ritual aufgeführt, in dem zwei flötenähnliche Instrumente gespielt wurden. Die zwei Flötenspieler benutzten ihre linke und rechte Hand in genau entgegengesetzter Weise, um die Grifflöcher auf ihren Flöten zu schließen. Und so kam es, dass sie schließlich, als sie sich einander beim Spielen betrachteten, völlig unterschiedliche Melodien spielten. Die gesamte Zuhörerschaft hörte auf, den Ritualgesang mitzusingen und brach wegen dieser merkwürdigen Melodie in schallendes Gelächter aus. Als sie dann aber auf Tabung Rinpoche blickten, sahen sie, wie dieser regungslos dasaß, jedoch nicht schlief, und überhaupt nicht bemerkte, was gerade um ihn herum geschah. Später erkannte der Regent, dass Tabung Rinpoche zu genau diesem Zeitpunkt Belehrungen auf der Ebene der reinen Erscheinungen erhalten hatte.

Während dieser Zeit führte der Dreizehnte Dalai Lama eine Untersuchung durch, welche Lamas wirklich authentisch seien und warf eine beachtliche Anzahl von ihnen hinaus. Bei diesen beiden aber, Serkong Rinpoches Vater und Tabung Rinpoche, machte er eine Ausnahme. Auf diese Weise erkannte er deren außergewöhnliche Fähigkeiten und deren besonderes Recht an, mit einer Gefährtin zusammen auf dem Übungsweg des Tantra zu praktizieren. Sie müssen tiefgehende Erfahrungen gehabt haben. Ich kenne aber keine Berichte, wonach sie das von sich selbst behauptet hätten.

Zusammenfassung

1. Eine Übende oder ein Übender auf der höchsten Stufe kann das klare Licht der Mutter, das sich während des Sterbens aufgrund von Karma zeigt, in ein Bewusstsein des spirituellen Weges umwandeln.
2. Auf den niedrigeren Stufen stellen sich Menschen, die täglich den Gottheiten-Yoga des Höchsten Yoga-Tantra praktizieren, die Erscheinung der acht Zeichen des Todes innerhalb einer dreifachen Achtsamkeit vor, indem sie sowohl das gerade erscheinende Anzeichen erkennen als auch das vorangegangene und das nachfolgende Anzeichen. Sie üben diese

Reihe von acht Anzeichen zusammen mit der Betrachtung über die Leerheit. Jede der acht Stufen setzt sich aus drei Teilen zusammen, außer der ersten und der letzten, die nur zwei Teile haben:
- Luftspiegelung erscheint. Rauch ist dabei, zu entstehen.
- Rauch erscheint. Luftspiegelung ist gerade vorüber gegangen. Glühwürmchen sind dabei, zu entstehen.
- Glühwürmchen erscheinen. Rauch ist gerade vorübergegangen. Eine Flamme ist dabei, zu entstehen.
- Eine Flamme erscheint. Glühwürmchen sind gerade vorübergegangen. Eine leuchtend klare, weiße Erscheinung ist dabei, zu entstehen.
- Eine leuchtend klare, weiße Erscheinung entsteht. Eine Flamme ist gerade vorüber gegangen. Eine leuchtend klare, orangerote Intensivierung ist dabei, zu entstehen.
- Eine leuchtend klare, orangerote Intensivierung erscheint. Eine leuchtend klare, weiße Erscheinung ist gerade vorübergegangen. Eine leuchtend klare Schwärze ist dabei, zu entstehen.
- Eine leuchtend klare Schwärze erscheint. Eine leuchtend klare, orangerote Intensivierung ist gerade vorüber gegangen. Der Geist des klaren Lichtes ist dabei, zu entstehen.
- Der Geist des klaren Lichtes erscheint. Eine leuchtend klare Schwärze ist gerade vorübergegangen.

3. In der besonderen Übung des Gottheiten-Yoga im Höchsten Yoga-Tantra verbinden die Praktizierenden ihre jeweilige Stufe des Verstehens der Leerheit mit der schrittweisen Entfaltung der acht Zeichen des Todes. Dann nutzen sie den Geist des klaren Lichtes, der die Leerheit erkennt – oder ein Bewusstsein, das solch einen Geisteszustand nachahmt – als die Grundlage, aus der heraus sie in einer idealen, mitfühlenden Form als eine Gottheit erscheinen.

4. Sehr weit fortgeschrittene Praktizierende, die über standfestes Mitgefühl und Weisheit verfügen, können den Geschlechtsverkehr als eine Methode nutzen, um den Geist wirkungsvoll zu fokussieren und um den grundlegenden, angeborenen Geist des klaren Lichtes zu manifestieren. In diesem innersten und tiefsten Geist erkennen sie die Leerheit von inhärenter Existenz auf dramatische und mächtige Weise.

Neuntes Kapitel

Das Reagieren auf den Zwischenzustand

Diejenigen, die zu der Überzeugung kommen
„Ich werde sterben", hören auf, Angst zu haben.
Sie werden sich noch nicht einmal vor den Visionen
des Todes fürchten.

BUDDHA

Vierzehnte Strophe

Mögen wir statt des Zwischenzustandes die konzentrierte Meditation der Illusion
Vollenden, so dass wir, wenn wir das klare Licht verlassen,
In einem Vollständigen Freudenkörper auferstehen, der in der Pracht der Schönheiten und Merkmale eines Buddha erstrahlt
Und der aus dem reinen Wind und Geist des klaren Lichtes des Todes hervorgeht.

Wenn Yogis sich mittels des subtilsten Geistes aus der Erkenntnis der Leerheit erheben, tun sie dies in einem Körper, der von reinem Wind (oder Energie) und Geist geformt wird und mit den Merkmalen und Schönheiten eines Buddha geschmückt ist. Das geschieht nicht bloß in der reinen Vorstellung oder Nachahmung, sondern in Wirklichkeit. Statt in den Zwischenzustand einzutreten, auferstht der Yogi oder die Yogini vom Todeszustand in einem sogenannten Illusionskörper. Es gibt zwei verschiedene Arten eines solchen Illusionskörpers – entweder einen unreinen Illusionskörper oder der Vollständige Freudenkörper eines Buddha. Diese Strophe drückt den Wunsch aus, solch eine tiefgründige Umwandlung zu vollbringen.

Der Geist des klaren Lichtes und der Wind, der als Grundlage für das klare Licht dient, sind ein einziges Wesen, können aber konzeptuell getrennt werden. Der Wind dient als die wesentliche Ursache für den Illusionskörper, der Geist hingegen als die mitwirkende Bedingung für den Illusionskörper. Diese beiden Ursachen schaffen einen Illusionskörper, der eine ähnliche Gestalt hat wie die jeweils bevorzugte Meditationsgottheit, die man sich in der Übung des Gottheitenyoga immer wieder vorgestellt hat. Das ist kein Körper aus Fleisch und Blut. Dieser Illusionskörper hat einfach nur die Natur von Wind und Geist, hell, klar und ungehindert wie ein Regenbogen.

Es wird gesagt, dass die Erscheinung des idealen Wesens, der Gottheit, wie die plötzliche Erscheinung eines Fisches ist, der in seiner vollen Größe aus einem See herausspringt. Über eine lange Zeit hinweg haben Sie über sich selbst in der Form einer speziellen Gottheit meditiert, haben diese Sichtweise kultiviert und haben sich diesen idealen Körper vorgestellt als Vorbereitung für diese Transformation. Das Ziel dieser Übung ist schließlich erreicht worden. Nachahmung hat zur Wirklichkeit geführt.

Stufen der Übung

Immer wieder habe ich betont, wie wichtig es ist, sich auf der für einen selbst natürlichen Stufe zu üben. Innerhalb des Höchsten Yoga-Tantra gibt es drei Stufen. Bis hierher haben wir Übende betrachtet, die eine hohe Stufe des Könnens erlangt haben, die aber nicht dazu in der Lage waren, das höchste Ziel der Buddhaschaft in diesem Leben zu erlangen. Solche Menschen beginnen aufgrund der Kraft von verunreinigten Karmas und leidbringenden Emotionen zu sterben. Wenn sie aber fähig sind, während des Todes das klare Licht der Mutter des Todes in das klare Licht des Kindes des Weges umzuwandeln, dann können sie einen gewöhnlichen Zwischenzustand, der zur Wiedergeburt führen würde, umgehen und einen *tatsächlichen* Illusionskörper erlangen und nicht nur einen vorgestellten.

Die Übenden auf der nächsten Stufe (was in der nächsten Strophe erklärt wird) sind nicht dazu in der Lage, das klare Licht des Todes in einen Zustand des spirituellen Weges zu verwandeln. Sie können keinen Illusionskörper erlangen, erleben aber dennoch keinen gewöhnlichen Tod. Dieser Yogi transformiert das klare Licht des Todes in eine *Form* des Weges, wenn auch eine Form, die nicht dazu fähig ist, einen Illusionskörper hervorzubringen. Der Yogi ist dazu fähig, in der Vorstellung – aber nicht tatsächlich – in einem Illusionskörper während eines gewöhnlichen Zwischenzustandes zu erscheinen. Ein Yogi auf dieser Stufe kann die Art der Wiedergeburt durch die Kraft von Mitgefühl, Wünschen und Achtsamkeit wählen.

Die Übenden auf der nächsten Stufe (was in der sechzehnten Strophe erklärt wird) können das klare Licht des Todes zwar nicht in einen gänzlich geeigneten Weg umwandeln, können aber nach der Phase der Bewusstlosigkeit im späteren Abschnitt der schwarzen Beinah-Verwirklichung, während der Manifestation des klaren Lichts in irgendeiner Form Achtsamkeit über die Übung des Tantra entwickeln. Dieser Mensch geht durch einen gewöhnlichen Zwischenzustand hindurch und wird auf gewöhnliche Weise wiedergeboren, kann jedoch durch gute Neigungen (die projizierende Kraft früherer Handlungen) und durch das Zusammenkommen von äußeren und inneren Umständen förderliche Übungen entwickeln.

Die Übenden aller drei Stufen versuchen, das Bewusstsein des klaren Lichtes in eine Weisheit umzuwandeln, die die Leerheit erkennt. Daher entwickeln die Übenden auf allen drei Stufen vor den Stadien der Auflösung Achtsamkeit über die Leerheit. Besonders während der Auflösung der Erde, des Wassers, des Feuers, des Windes und dem Entstehen der vier Leeren – dem Geist der weißen Erscheinung, der orangeroten Intensivierung der Erscheinung, der schwarzen Beinah-Verwirklichung und des klaren Lichts – bringen sie die Kraft der Achtsamkeit hervor und kontemplieren die Leerheit von inhärenter Existenz, die todlose Seinsweise, welche die Natur von allen Phänomenen ist.

Da die Übenden der obersten Stufe dazu fähig sind, das klare Licht des Todes in ein Bewusstsein umzuwandeln, das die Leerheit erkennt, fungiert dies als ein Gegenmittel gegen den machtlosen Tod. Von diesem Moment an ist man nicht länger der Geburt und dem Tod unterworfen. Die wahre Natur aller Phänomene, auf diese Weise kontempliert, bringt die Unsterblichkeit hervor und wird folglich im Gedicht als „todlos" bezeichnet.

Der Tod tritt stufenweise ein, angefangen von der Auflösung des Erdelementes in das Wasser bis hin und einschließlich dem Erscheinen des klaren Lichtes. Danach ereignen sich beim gewöhnlichen Sterben (nicht jedoch beim Sterben eines geübten Yogi auf der höchsten Stufe) die acht Stadien in umgekehrter Reihenfolge, die vom klaren Licht über die schwarze Beinahe-Verwirklichung, die orangerote Intensivierung der Erscheinung, die weiße Erscheinung, über die Flamme, die Glühwürmchen, den Rauch, bis hin zur Luftspiegelung verläuft. Am Ende eines gewöhnlichen Todes geschehen drei Dinge gleichzeitig: 1. das klare Licht hört auf; 2. Sie erheben sich vom klaren Licht des Todes in die leuchtend klare, schwarze Beinahe-Verwirklichung; und 3. der Zwischenzustand beginnt (wonach die anderen rückwärts laufenden Stadien auftreten).

Auf ähnliche Weise erhebt sich ein Yogi auf der ersten Stufe der Übung des Höchsten Yoga-Tantra, der sich aber im *metaphorischen* klaren Licht aufhält, gleichzeitig von dem klaren Licht in die Beinah-Verwirklichung und erschafft einen Illusionskörper. Ein Yogi auf der ersten Stufe des Höchsten Yoga-Tantra jedoch, der sich aus dem *tatsächlichen* klaren Licht erhebt, fällt nicht in den Geist der Beinahe-Verwirklichung und so weiter zurück; für ihn oder sie haben alle gröberen Ebenen des Geistes aufgehört.

ZUSAMMENFASSUNG

1. Sehr weit fortgeschrittene Praktizierende können das gewöhnliche klare Licht des Todes und den Wind, auf dem es reitet, als die wesentlichen Ursachen für einen reinen Geist, beziehungsweise einen reinen Körper nutzen.
2. Damit man aus dem Geist des klaren Lichtes heraus in einem reinen Körper entstehen kann, von Wind oder Energie geformt, ist es notwendig, sich schon vorher darin geübt zu haben, sich vorzustellen, dass man einen aus Uneigennützigkeit motivierten Geist und Körper hat. Was in der Nachahmung ausgeführt wird, führt schließlich zu dem, was tatsächlich erreicht wird.
3. Um die endgültige Transformation bewirken zu können, muss man vermeiden, aus dem grundlegenden angeborenen Geist des klaren Lichtes heraus die gröberen Ebenen des Geistes rückwärts zu durchlaufen. Das bringt dann einen unsterblichen Zustand hervor.

Fünfzehnte Strophe

*Wenn durch Karma verursacht ein Zwischenzustand
  hervorgerufen wird,
Mögen irrtümliche Erscheinungen geläutert werden
Durch das sofortige Analysieren und Erkennen der
  Abwesenheit von inhärenter Existenz
Des Leidens der Geburt, des Todes und des Zwischen-
  zustandes.*

Am Ende der Phase, während der der subtilste Geist im Körper bleibt, gibt es eine leichte Bewegung des Windes, auf dem der Geist des klaren Lichtes reitet, und der subtilste Wind und das subtilste Bewusstsein verlassen den geöffneten Tropfen des weißen und roten Bestandteils am Herzen und verlassen den Körper. Ein klein wenig Blut tritt aus der Nase aus und ein klein wenig essentielle weiße Flüssigkeit tritt aus dem Geschlechtsorgan aus. Dies ist ein Hinweis, dass diese endgültige Ebene des Bewusstseins den Körper verlassen hat. Es kann aber sein, dass diese Anzeichen nicht bei Menschen auftreten, deren Körper durch schwere Krankheiten geschwächt und aufgezehrt sind. Erst jetzt beginnt der Körper zu verwesen und zu riechen.

Die besten Yogis, die die Buddhaschaft nicht in diesem Leben erreichen, können während des Sterbens statt des Zwischenzustandes einen Illusionskörper erlangen. Gewöhnliche Menschen, die nicht in der Lage sind, in einem Illusionskörper aufzuerstehen, da sie nicht die höheren Verwirklichungen erlangt haben, treten durch die Kraft des Karma in einen gewöhnlichen Zwischenzustand ein. Falls dies geschieht, sollten Sie Ihre Lage sofort erkennen und verstehen.

Wenn das klare Licht aufhört und die nächsten sieben Stadien beginnen in umgekehrter Reihenfolge zu entstehen, markiert dies den Beginn der Zwischenzustandes. Hier, an der Öffnung des Zustandes von einem Leben zum nächsten hin, durchschreitet man die acht Stadien in genau der gleichen Reihenfolge, wie man dies tut, wenn man aufwacht, einen Traum beginnt, nach einer Ohnmacht wieder zu sich kommt oder aus einem Orgasmus zurückkommt:

8. das klare Licht
7. leuchtend klarer, schwarzer Geist-Himmelsraum
6. leuchtend klarer, orangeroter Geist-Himmelsraum
5. leuchtend klarer, weißer Geist-Himmelsraum
4. Kerzenflamme
3. Glühwürmchen
2. Rauch
1. Luftspiegelung.

Genau wie man in einem Traumkörper wieder neu ersteht, wenn man eingeschlafen ist, so hat man im Zwischenzustand plötzlich einen Körper, der die Gestalt des Körpers hat, in dem man wiedergeboren werden wird. Dieser Körper ist oft wie der zukünftige Körper im Alter von fünf oder sechs Jahren. Wie der Traumkörper so ist auch dieser aus einer Kombination von Wind und Geist geschaffen. Der Wind, auf dem der Geist des klaren Lichtes reitet, ist die wesentliche Ursache für diesen Körper des Zwischenzustandes, er ist aber auch eine mitwirkende Bedingung, die einen Beitrag für den Geist des Zwischenzustandes leistet. Umgekehrt ist der Geist des klaren Lichtes die wesentliche Ursache für den Geist des Zwischenzustandes und die mitwirkende Bedingung, die einen Beitrag für den Körper des Wesens im Zwischenzustand leistet.

Ich erinnere mich an einen Mönchsbeamten aus der Schule der Gelukpa, der ein guter Praktizierender und auch tapfer war. Als die chinesische Befreiungsarmee nach Chamdo, der Hauptstadt der Provinz Kham in Tibet kam und sie „befreite", war dieser Mönch dem Repräsentanten der tibetischen Regierung für dieses Gebiet unterstellt. Der Repräsentant dachte, es sei wichtig, sich mit den Chinesen zu treffen, und so hat er seine ihm unterstellten Beamten gefragt, ob es jemanden gäbe, der sich mit den Chinesen treffen wolle. Aber alle außer diesem Mönchsbeamten hatten Angst davor. Dieser zuverlässige und tapfere Mann erzählte mir, dass seine Mutter ihm einmal folgendes gesagt hat: „Ich werde in einen tiefen Schlaf gehen. Berühre daher meinen Körper bitte nicht." Eine Woche lang verbrachte sie in tiefem Schlaf und kehrte dann wieder zurück. Während dieser Woche besuchte ihre Seele – oder ihr Geist – verschiedene Orte. Ihr Sohn hatte keinen Grund, mich anzulügen, und er gab auch nicht einfach nur ein aufgeschnapptes Gerücht weiter. Das war kein Fall von Sterben und einer Rückkehr vom Tod, sondern höchstwahrscheinlich ein Fall eines besonderen Traumkörpers.

Da Ihr Körper im Zwischenzustand aus Wind und Geist geformt wird, verfügen Sie auch über alle fünf Sinne. Doch ist Ihr Körper klar wie ein Regenbogen. Er wirft keine Schatten, und Sie lassen keine Fußabdrücke zurück. Durch die magische Kraft des Karma sind Sie auf natürliche Weise mit der Fähigkeit ausgestattet, in einer sehr kurzen Zeit in diesem und durch dieses Weltensystem zu reisen, ungehindert durch Erde, Felsen, Berge oder Gebäude. Wenn Sie aber einmal in Ihren neuen Mutterschoß eingetreten sind, können Sie diesen nicht mehr verlassen. Obwohl Sie im Zwischenzustand mit Ihren Verwandten, Freunden und anderen sprechen, können diese Sie nicht hören und antworten Ihnen somit nicht. Sie sehen keine Sonne, keinen Mond und keine Sterne. Obwohl Sie früher nicht hellsehen konnten, ist Ihnen dies jetzt in begrenztem Umfang möglich.

Wenn Sie Anzeichen feststellen, dass Sie sich in diesem Zustand befinden, sollten Sie denken: „Ich bin gestorben, und ich befinde mich jetzt im Zwischenzustand." Benutzen Sie die Kraft der Achtsamkeit, um zu erkennen, dass angenehme und unangenehme Erscheinungen im Zwischenzustand Schöpfungen Ihres sich irrenden Geistes sind. Entwickeln Sie Achtsamkeit dafür, dass es sinnlos ist, an den angenehmen Erscheinungen anzuhaften oder über die unangenehmen Erscheinungen verärgert zu sein. Denken Sie vielmehr, dass Sie in einem Illusionskörper auferstanden sind und erkennen Sie, dass die verschiedenartigen Erscheinungen und Leiden des Todes, des Zwischenzustandes und der Geburt ohne inhärente Existenz sind – dass sie nicht wirklich sind. Erkennen Sie, dass diese Erscheinungen durch frühere Handlungen (Karma) verursacht sind, die in Wahrheit noch nicht einmal ein Körnchen wirklicher Substanz besitzen.

Genauso wie Sie sich im Gottheiten-Yoga aktiv vorstellen, dass alles grenzenlos rein und makellos ist und aus Mitgefühl und Weisheit geformt wird, so betrachten Sie hier im Zwischenzustand alle Erscheinungen als Gottheiten und alle Erscheinungen von Umgebungen als deren wundervolle herrschaftliche Wohnhäuser und somit lösen Sie sich von jeglicher Abneigung gegen das Hässliche und von jeglicher Anhaftung an das Schöne. Sie sind darum bemüht, was auch immer erscheint, als leer von inhärenter Existenz entstehen zu lassen, und, was immer leer ist, als eine Spielart der Glückseligkeit, als die Spielart einer Gottheit in Erscheinung treten zu lassen.

ZUSAMMENFASSUNG

1. Es ist sehr wichtig, die Anzeichen dafür zu erkennen, dass Sie sich im Zwischenzustand befinden.
2. Betrachten Sie alle angenehmen und unangenehmen Erscheinungen und Erfahrungen als Ausdrücke Ihres eigenen guten und schlechten Karmas.
3. An Stelle dessen, was Ihnen dargeboten wird, denken Sie,

dass Sie sich in einem Illusionskörper erhoben haben und stellen Sie sich alle Erscheinungen von Lebewesen als idealen Ausdruck von Mitgefühl und Weisheit und alle Erscheinungen von Umwelten als wundervolle herrschaftliche Wohnhäuser von Gottheiten vor.
4. Vermeiden Sie es, das Hässliche abzulehnen oder das Schöne zu begehren.
5. Erkennen Sie, dass die verschiedenartigen Erscheinungen und Leiden des Todes, des Zwischenzustandes und der Wiedergeburt leer von inhärenter Existenz sind. Diese existieren nicht unabhängig aus sich selbst heraus.

Sechzehnte Strophe

Mögen wir in einem Reinen Land wiedergeboren werden
Mit Hilfe des Yoga, der das Äußere, das Innere und das Geheime umwandelt,
Wenn verschiedene Anzeichen – die vier Klänge der Umkehrentwicklung der Elemente,
Die drei furchterregenden Erscheinungen und Unsicherheiten – auftreten.

Solange Sie am Leben sind, sind alle Winde und konzeptuellen Vorstellungen in gewöhnlichen Mustern versunken und nicht unter Ihrer Kontrolle. Während des Zwischenzustandes kehren die Winde oder Energien, die mit den vier Elementen in Verbindung stehen, ihre üblichen Muster um, und Schrecken einflößende Geräusche entstehen aus diesem Umkehrprozess. Wenn der Erdwind sich auflöst, rumpelt und poltert ein lautes Geräusch, als ob Berge einstürzen. Wenn der Wasserwind zusammenbricht, entsteht ein Geräusch wie das Krachen eines gepeitschten Ozeans. Wenn der Feuerwind zusammenbricht, entsteht ein Geräusch wie ein Feuersturm, der in einem dichten

Wald wütet. Wenn der Windwind zusammenbricht, entsteht das Heulen und Brüllen eines entsetzlich sausenden Wirbelsturms. Es gibt auch furchteinflößende Erscheinungen von Höllenwesen, hungrigen Geistern und Tieren, die Projektionen Ihres eigenen Karma sind. Einige erscheinen wie die Herren des Todes, die ihre Waffen schwingen und laut schreien: „Schlagt zu! Tötet!" Und Sie bekommen fürchterliche Angst.

Ihr Aufenthaltsort, Ihr Vertrauen, Ihr Verhalten, Ihr Essen, Ihre Freunde und Ihre Gefühle sind vollkommen ungewiss. Ungewissheit des Aufenthaltsortes bedeutet, dass Sie ständig an verschiedene Orte kommen. Ungewissheit des Vertrauens bedeutet, dass Sie in Vergänglichem Zuflucht suchen: Brücken, Brunnen und so weiter. Ungewissheit des Verhaltens bedeutet, dass Sie sich abrupt verändern und wie eine Feder im Wind dahingetrieben werden. Ungewissheit der Nahrung bedeutet, dass sie köstliches Essen sehen, es aber nicht zu sich nehmen können, es sei denn, es wurde speziell für Sie bestimmt. Ungewissheit von Freunden bedeutet, dass Sie sich wahllos auf die Gesellschaft anderer Lebewesen einlassen. Ungewissheit der Gefühle bedeutet, dass Sie plötzliche Veränderungen in Ihrer Stimmung erleben, manchmal glücklich, manchmal Schmerzen erleiden, manchmal traurig, verärgert und so weiter.

Außerdem erscheinen drei furchteinflößende Schluchten – eine große rote Schlucht, wenn Sie von Begierde beherrscht werden, eine große graue Schlucht, wenn Sie von Unwissenheit beherrscht werden, und eine große schwarze Schlucht, wenn Sie vom Ärger beherrscht werden. Und es gibt auch vier Wege, die auf Ihr nächstes Leben hinweisen. Falls der Weg, den Sie gehen, aus weißem Licht ist, ist dies ein Anzeichen dafür, dass Sie als Gott oder Halbgott wiedergeboren werden. Wenn der Weg aus gelbem Licht ist, wird Ihr nächstes Leben das eines Menschen oder eines Tieres sein. Wenn der Weg aus schwarzem Licht ist, weist dies auf eine Wiedergeburt als Höllenwesen hin. Und falls der Weg aus rotem Licht ist, lässt dies auf eine Wiedergeburt als hungriger Geist schließen.

Im Zwischenzustand ist die Körperfarbe von jemandem, der oder die als ein Höllenwesen wiedergeboren wird, wie ein verbranntes Stück Holz; als ein Tier wie Rauch; als ein hungriger Geist wie Wasser; als ein Gott des Begierdebereichs oder als Mensch wie Gold; als ein Gott des Formbereichs weiß. Die Bewegungsrichtung spiegelt ebenfalls Ihre Wiedergeburt wider. Die Körper des Zwischenzustandes von Höllenwesen, hungrigen Geistern und Tieren bewegen sich zuerst nach unten. Die Körper des Zwischenzustandes von Göttern des Begierdebereichs (das sind Bereiche der Wiedergeburt, die sich durch großen Genuss und Vergnügen auszeichnen) und von Menschen bewegen sich zuerst geradeaus. Die Körper des Zwischenzustands von Göttern des Formbereichs (das sind Bereiche der Wiedergeburt, die durch intensive Konzentration gekennzeichnet sind) bewegen sich nach oben.

Der Zwischenzustand kann so kurz wie ein Augenblick sein, vor allem dann, wenn Ihr heilsames Karma besonders stark ist. Dies wäre der Fall, wenn Sie machtvolles Mitgefühl und Liebe erzeugt haben oder wenn Sie machtvolle Wünsche entwickelt haben, in einem Reinen Land wiedergeboren zu werden oder wenn Ihre Absicht, zum Wohle der anderen wiedergeboren zu werden, sehr stark ist. Ebenfalls so kurz wie ein Augenblick kann der Zwischenzustand sein, wenn Ihr unheilsames Karma besonders stark ist, wenn Sie zum Beispiel Ihre Mutter oder Ihren Vater getötet haben. Sie werden auf der Suche nach einer Möglichkeit für die Wiedergeburt herum hetzen und dabei von Karma mit unterschiedlichen Abstufungen von Dunkelheit und Licht angetrieben werden. Falls sich nicht innerhalb von sieben Tagen eine Möglichkeit für die Wiedergeburt bietet, stirbt das Wesen des Zwischenzustandes. Genau so, wie man beginnt, aus dem Schlaf zu erwachen, löst sich Ihr Traumkörper wie der Atemhauch auf einem Spiegel auf, Ihr Windkörper im Zwischenzustand löst sich von den Zehen und der Krone des Kopfes her auf, ein Prozess, der schließlich am Herzen endet. Während dieses kleinen Todes durchlaufen Sie die acht Stadien des Todes rasch in vorwärts gerichteter Abfolge. Sie entstehen jedoch wieder in einem neuen Zwischenzustand – wiederum durch die umgekehrte Abfolge der acht Stadien. Dieser sieben Tage andauernde Prozess kann höchstens mit sieben solcher „Wiedergeburten" im Zwischenzustand ablaufen. Das ergibt neunundvierzig Tage. Einige sagen, dass hier die Länge eines Tages abhängig ist von der Art des Lebewesens, als das Sie wiedergeboren werden. Das könnte äußerst lang sein. Andere wiederum sagen, dass es sich um die Länge eines menschlichen Tages handelt.

Um zum Gedicht zurückzukehren: Inmitten all dieser Erscheinungen sollten Sie versuchen, ruhig zu bleiben und zu bewirken, dass Ihre äußere Umgebung als die wunderbaren prächtigen Wohnhäuser der Gottheiten (Lebewesen, deren innerstes Wesen Mitgefühl und Weisheit ist) und deren Umgebung erscheint, dass die Lebewesen darin (wie zum Beispiel Höllenwesen, hungrige Geister, Tiere, Menschen, Halbgötter und Götter) als Gottheiten erscheinen und dass das Geheime (Ihr eigenes Bewusstsein und Ihre eigenen Gedanken) als die konzentrierte Meditation der Glückseligkeit erscheint, die die Leerheit erkennt. Welche Zeichen auch erscheinen mögen, sie sind durch die Übung umkehrbar. Und daher besteht kein Zweifel mehr, dass Sie in einem guten Leben wiedergeboren werden. Durch die Kraft der drei Yogaübungen, in welcher Sie sich das Äußere, das Innere und das Geheime als rein vorstellen, versuchen Sie die Tür für die Wiedergeburt in einem unreinen Leben innerhalb des Daseinskreislaufes zu verschließen und statt dessen in einem besonderen, höchsten Land jenseits von verunreinigtem Karma und leidbringenden Emotionen wiedergeboren zu werden, wo Sie mit den Übungen fortfahren können.

Zusammenfassung

1. Seien Sie darauf vorbereitet, dass es im Zwischenzustand viele ungewöhnliche Erscheinungen geben kann, wunderbare wie entsetzliche. Verstehen Sie, dass Sie das, was auch immer erscheinen mag, jetzt durch Ihre Vorstellungskraft umwandeln können.
2. Bleiben Sie ruhig und gelassen. Stellen Sie sich Ihre Umgebung als schöne herrschaftliche Wohnhäuser und Villen vor, die in einer friedlichen Landschaft liegen. Betrachten Sie die Lebewesen so, als ob deren innerstes Wesen aus Mitgefühl und Weisheit besteht. Betrachten Sie Ihr eigenes Bewusstsein als einen glückseligen Geist, der die Leerheit erkennt.
3. Das wird zu einer Wiedergeburt an einem Ort führen, wo Sie Ihre Übung fortsetzen können, um eine tiefere spirituelle Verwirklichung zu erlangen.

ZEHNTES KAPITEL

Eine positive Wiedergeburt erlangen

Es spielt keine Rolle, wieviel Reichtümer Du aufgehäuft hast:
Wenn Du in ein anderes Leben aufbrichst,
Wirst Du alleine sein, ohne Ehepartner oder Kinder,
Ohne Kleidung, ohne Freunde,
Wie jemand, der in der Wüste von einem Feind besiegt wird.
Wenn Du noch nicht einmal Deinen eigenen Namen haben wirst,
Gibt es dann einen Grund, irgendetwas anderes in Betracht zu ziehen?

BUDDHA

Siebzehnte Strophe

Mögen wir mit der unübertrefflichen Lebensgrundlage eines Praktizierenden des Tantra wiedergeboren werden und den Himmelsraum nutzen,
Oder im Körper eines Mönches, einer Nonne oder eines Laienpraktizierenden und über die drei Übungen verfügen,
Und mögen wir die Verwirklichungen der Wege der zwei Phasen der Entwicklung und der Vollendung vervollständigen
Und auf diese Weise rasch die drei Körper eines Buddha erlangen – den Wahrheitskörper, den Vollständigen Freudenkörper und den Emanationskörper.

Die Verbindung zum nächsten Leben aus dem Zwischenzustand heraus stellt sich in einem Prozess des Hingezogenwerdens und des Abgestoßenwerdens her. Tiere, die aus Eiern außerhalb des Mutterleibes, wie auch Lebewesen, die aus einer Gebärmutter geboren werden, sehen entweder ihre Eltern tatsächlich während des Sexualaktes oder sie sehen ein Abbild davon. Sie entwickeln dann Begierde für den Elternteil des anderen Geschlechts und Abneigung gegen den Elternteil des eigenen Geschlechts. Wenn das Lebewesen im Zwischenzustand im Begriff ist, den begehrten Elternteil zu umarmen, nimmt es plötzlich nur noch das Sexualorgan dieser Person wahr und wird darüber verärgert. Auf diese Weise verursachen Hingezogenwerden und Abgestoßenwerden schließlich den Tod des Lebewesens im Zwischenzustand.

Wir müssen hinzufügen, dass dies die Art und Weise ist, auf welche der Zwischenzustand *manchmal* endet. Die Möglichkeit der In-vitro-Fertilisation widerspricht dem, was einige unserer Texte über dieses Thema aussagen, nämlich dass die Eltern mit starker sexueller Erregung in Vereinigung sein müssen. Heute kann der Samen des Vaters jedoch in einem Labor aufbewahrt und ohne jegliche sexuelle Erregung in den Schoß der Mutter eingeführt werden. Dieses Verfahren, das bestimmten buddhistischen Texten widerspricht, ist heutzutage eine Wirklichkeit. Als Schüler der Tradition der Klosteruniversität von Nalanda im alten Indien müssen wir die Vernunft und wissenschaftliche Forschung akzeptieren. Von diesem Standpunkt aus ist unsere übliche Erklärungsweise unvollständig. Doch selbst in den buddhistischen Schriften gibt es die Geschichte eines verheirateten Paares, das zölibatär wurde – er wurde Mönch und sie Nonne. Eines Tages jagte der Mann unter dem Einfluss von Erinnerungen aus der Vergangenheit seiner früheren Ehefrau hinterher. Als er ihren Körper berührte, verströmte er seinen Samen auf ihre Kleidung. Später kam auch die Frau unter den Einfluss ihrer Erinnerungen und führte etwas von dem Ejakulat in ihre Vagina ein. Später wurde ein Kind geboren. So widerspricht selbst diese frühe buddhistische Schrift der Lehrmeinung, dass die Empfängnis nur dann stattfinden kann, wenn sich das Paar in sexueller Vereinigung befindet.

Ähnlich wird erzählt, dass der Stammbaum von Buddha Shakyamuni auf einen Mann zurückgeht, der „Sonnenfreund" hieß, da die Samenflüssigkeit seines Vaters, die auf ein Blatt gefallen war, von der Wärme der Sonne ernährt wurde, bis schließlich zwei Kinder daraus entstanden. Was diese zwei Geschichten erzählen, ist heute durch die Wissenschaft Wirklichkeit geworden. Obwohl im Allgemeinen die Empfängnis unter bestimmten Bedingungen stattfindet, muss das nicht immer so sein. Auf ähnliche Weise benötigt das Ende des Zwischenzustandes nicht *unbedingt* das Angezogenwerden zum Elternteil des anderen Geschlechts und Ärger darüber, schließlich nur das Sexualorgan zu sehen.

Während des Todes im Zwischenzustand durchschreitet das Lebewesen rasch die acht Stadien in vorwärts gerichteter Reihenfolge:

1. Luftspiegelung
2. Rauch
3. Glühwürmchen
4. Kerzenflamme
5. leuchtend klarer, weißer Geist-Himmelsraum
6. leuchtend klarer, orangeroter Geist-Himmelsraum
7. leuchtend klarer, schwarzer Geist-Himmelsraum
8. das klare Licht.

Im Augenblick der Empfängnis durchschreitet das Lebewesen die sieben verbleibenden Stadien in rückwärts gerichteter Reihenfolge:

7. leuchtend klarer, schwarzer Geist-Himmelsraum
6. leuchtend klarer, orangeroter Geist-Himmelsraum
5. leuchtend klarer, weißer Geist-Himmelsraum
4. Kerzenflamme
3. Glühwürmchen
2. Rauch
1. Luftspiegelung.

Es gibt verschiedene Erklärungen darüber, wie das Lebewesen in den Mutterleib eintritt. Einige Texte sagen, dass das Lebewesen in den Mund oder in die Krone des Kopfes des Vaters eintritt, seinen Körper durchläuft und dann durch seinen Phallus in den Schoß der Mutter eintritt. Andere Texte sagen, dass das Lebewesen direkt durch die Vagina der Frau in die Gebärmutter eintritt. Ein Mensch mit überwiegend heilsamem Karma hat dabei ein Gefühl, als ob er in ein wohltuendes Haus eintritt und hört angenehme Klänge. Ein Mensch mit überwiegend unheilsamem Karma hat dabei ein Gefühl, als ob er inmitten von tosendem Lärm in einen Sumpf oder in einen dunklen Wald eintritt.

Der sehr subtile Wind und Geist des Lebewesens tritt in die Materie (Ei und Samen) ein, die von den Eltern beigetragen wurde. Im Fötus, der zu diesem Zeitpunkt die Größe eines großen Senfsamens hat, bildet sich der Zentralkanal, der von dem rechten und linken Kanal dreimal umwunden wird. Dann bewegen sich der nach oben bewegende Wind und der nach unten ausscheidende Wind in ihre jeweiligen Richtungen, und die drei Kanäle dehnen sich aus. Der Körper entwickelt sich stufenweise und tritt schließlich aus dem Mutterschoß heraus.

Indem Sie die spirituelle Übung, die in den Strophen des Gedichtes des Ersten Panchen Lama erläutert wurde, aufrechterhalten, können Sie mit einem besonderen physischen Körper wiedergeboren werden, der ein Leben unterstützt, in welchem Sie die verbleibenden zur vollkommenen Erleuchtung führenden Wege des Tantra vollenden können. Sie können an außerordentlichen Orten wiedergeboren werden, die von Lebewesen bewohnt werden, die „Nutzer des Himmelsraums" genannt werden und die Tantra praktizieren. Oder Sie können an anderen, eher normalen Orten wiedergeboren werden, wo es die Lehren, geeignete Lehrer und die Freiheit zur Praxis gibt. In solch einer vorteilhaften Wiedergeburt können Sie Gelübde für ein reines ethisches Verhalten ablegen und in den Besitz der drei Übungen der Ethik, der konzentrierten Meditation und der Weisheit als der Wurzel Ihres spirituellen Weiterkommens gelangen. Mit diesen drei Übungen als Fundament, können Sie danach streben, die Verwirklichungen der beiden Stufen des Höchsten Yoga-Tantra zu vervollkommnen:

1. Gottheiten-Yoga verbunden mit der Meditation auf die Leerheit und die acht Zeichen des Todes.
2. Gottheiten-Yoga mit der Meditation auf die Leerheit, das Zurückziehen der Winde in den Zentralkanal und die Verwirklichung der tiefgründigeren Zustände des Bewusstseins.

Mit Hilfe dieser Stadien können Sie die verbleibenden Stufen zur Buddhaschaft abschließen. Dieser Zustand ist gänzlich davon erfüllt, anderen zu helfen. Die letzte Strophe im Gedicht des Panchen Lama bringt den Wunsch nach genau solch einem zukünftigen Leben zum Ausdruck. Erinnern Sie sich daran, dass das höchste und endgültige Ziel buddhistischer Übung der Dienst an den Anderen ist. Um anderen möglichst wirksam helfen zu können, ist es notwendig, einen reinen Geist und Körper zu erlangen. Das Ziel ist es, dazu fähig zu sein, einer unermesslichen Anzahl von Lebewesen mit Hilfe von unzähligen Methoden zu helfen.

Wenn Sie praktizieren, dann lassen Sie den Weg nicht nur etwas außerhalb von Ihnen sein, sondern lassen Sie Ihren Geist zum spirituellen Weg werden. Ansonsten kann es passieren, dass Sie nach einer Weile müde und sogar ärgerlich werden, obwohl Sie versuchen, sich zu üben. Rezitieren Sie nicht nur die Worte des Gedichtes des Ersten Panchen Lama *Wunschgebete für die Befreiung aus dem gefährlichen Engpass des Zwischenzustandes: Der Held, der von Furcht befreit*, sondern praktizieren Sie es täglich aus der Annäherung der reflektierenden Meditation, indem Sie die Bedeutung in Ihren Geist aufnehmen. Das wäre mein Rat.

ZUSAMMENFASSUNG

1. Erstreben Sie eine Wiedergeburt in einem Körper und in einer Situation, wo Sie dazu in der Lage sein werden, die verbleibenden spirituellen Wege zu vollenden.
2. Der Zweck, die vollkommene Erleuchtung zu erlangen, ist es, anderen in vollem Umfang zu helfen.

Elftes Kapitel

Tägliche Betrachtungen über das Gedicht

So wie die reißende Strömung eines Wasserfalls
Nicht umgekehrt werden kann,
Genauso ist der Fluss eines menschlichen Lebens
Auch nicht umkehrbar.
BUDDHA

An dieser Stelle folgt das ganze Gedicht des Ersten Panchen Lama.

*Wunschgebete für die Befreiung aus dem gefährlichen
Engpass des Zwischenzustandes:
Der Held, der von Furcht befreit*

Vom Ersten Panchen Lama,
Lobsang Chökyi Gyaltsen.

1.

*Bis wir die höchste Erleuchtung erreicht haben, nehmen ich
  und alle Lebewesen
Im grenzenlosen Raum, ohne Ausnahme, unsere Zuflucht
Zu den vergangenen, gegenwärtigen und zukünftigen
  Buddhas, zu derLehre und zu der Spirituellen Gemeinschaft.
Mögen wir von den Schrecken dieses Lebens, des Zwischenzustandes und des nächsten Lebens befreit werden.*

2.

Mögen wir die bedeutungsvolle Essenz aus dieser Lebensgrundlage gewinnen,
Ohne von den sinnlosen Angelegenheiten dieses Lebens abgelenkt zu werden,
Denn dieses gute Fundament, das schwer zu erlangen ist und das sich leicht wieder auflöst,
Stellt eine Wahlmöglichkeit dar zwischen Gewinn und Verlust, zwischen Wohlergehen und Elend.

3.

Mögen wir klar erkennen, dass es keine Zeit zu verschwenden gibt,
Da der Tod gewiss, der Todeszeitpunkt jedoch ungewiss ist.
Was sich versammelt hat, wird auseinandergehen, was angesammelt wurde, wird restlos aufgebraucht werden.
Am Ende des Aufstiegs kommt der Fall, das Ende jeden Lebens ist der Tod.

4.

Mögen wir befreit werden von dem überwältigenden Leiden, das durch die verschiedenen Todesursachen hervorgerufen wird,
Wenn in dieser Stadt der irrigen Konzepte von Subjekt und Objekt
Der illusorische Körper, der aus den vier unreinen Elementen zusammengesetzt ist,
Und das Bewusstsein dabei sind, sich zu trennen.

5.

Mögen wir befreit werden von den fehlerhaften
   Erscheinungen des Unheilsamen,
Wenn wir zum Zeitpunkt der Not von diesem Körper, den
   wir so liebevoll gepflegt und mit großem Aufwand
   erhalten haben, enttäuscht werden und
Die furchterregenden Feinde – die Herren des Todes –
   erscheinen
Und wir uns selber mit den Waffen der drei Geistesgifte der
   Begierde, des Hasses und der Unwissenheit töten werden.

6.

Mögen wir uns dann an die Anweisungen für die Übung
   erinnern,
Wenn uns die Ärzte im Stich lassen, Riten nutzlos sind,
Freunde die Hoffnung für unser Leben aufgegeben haben
Und wir nichts anderes mehr tun können.

7.

Mögen wir voller freudig-offenem Vertrauen sein,
Wenn Nahrung und der mit Geiz aufgehäufte Besitz
   zurückgelassen werden,
Wir uns für immer von unseren geliebten und ersehnten
   Freunden trennen
Und wir uns alleine in eine gefährliche Situation begeben.

8.

Mögen wir einen starken heilsamen Geist entwickeln,
Wenn sich die Elemente – Erde, Wasser, Feuer und Luft –
  stufenweise auflösen
Und körperliche Kraft verloren geht, der Mund und die
  Nase austrocknen und sich zusammenziehen,
Die Wärme sich zurückzieht, die Atemzüge gekeucht
  werden und ratternde Geräusche auftreten.

9.

Mögen wir die todlose Daseinsweise verwirklichen,
Wenn verschiedene irrtümliche Erscheinungen,
  beängstigend und schrecklich –
Und insbesondere die Luftspiegelung, der Rauch und die
  Glühwürmchen – auftreten
Und die Grundlagen der achtzig konzeptuellen Bewusst-
  seinsarten enden.

10.

Mögen wir eine stabile Achtsamkeit und Introspektion
  entwickeln,
Wenn sich das Windelement in das Bewusstsein aufzulösen
  beginnt,
Das äußere Kontinuum des Atems aufhört, grobe dualistische
  Erscheinungen sich auflösen
Und eine Erscheinung wie eine brennende Butterlampe
  heraufdämmert.

11.

Mögen wir unsere eigene Natur selbst erkennen
Mit Hilfe des Yoga, der sowohl den Daseinskreislauf
  als auch Nirvana als leer erkennt,
Wenn Erscheinung, Intensivierung und Beinah-
  Verwirklichung sich auflösen – die erstgenannten in die
  letztgenannten –
Und Erfahrungen wie das alles durchdringende Mondlicht,
  Sonnenlicht und Dunkelheit aufscheinen.

12.

Mögen sich das klare Licht der Mutter und das klare Licht
  des Kindes treffen,
Wenn sich die Beinah-Verwirklichung in das All-Leere
  auflöst
Und alle konzeptuellen Vervielfachungen aufhören und
  eine Erfahrung
Wie ein Herbsthimmel frei von verunreinigenden
  Bedingungen entsteht.

13.

Mögen wir in einsgerichteter, tiefgründiger Meditation
  verankert sein,
Innerhalb der höchsten Weisheit der Vereinigung von
  angeborener Glückseligkeit und Leerheit,
Während der vier Leeren, die auf das Schmelzen des
  mondgleichen weißen Bestandteils
Durch das Feuer der blitzgleichen Mächtigen Frau folgen.

14.

Mögen wir statt des Zwischenzustandes die konzentrierte Meditation der Illusion
Vollenden, so dass wir, wenn wir das klare Licht verlassen,
In einem Vollständigen Freudenkörper auferstehen, der in der Pracht der Schönheiten und Merkmale eines Buddha erstrahlt
Und der aus dem reinen Wind und Geist des klaren Lichtes des Todes hervorgeht.

15.

Wenn durch Karma verursacht ein Zwischenzustand hervorgerufen wird,
Mögen irrtümliche Erscheinungen geläutert werden
Durch das sofortige Analysieren und Erkennen der Abwesenheit von inhärenter Existenz
Des Leidens der Geburt, des Todes und des Zwischenzustandes.

16.

Mögen wir in einem Reinen Land wiedergeboren werden
Mit Hilfe des Yoga, der das Äußere, das Innere und das Geheime umwandelt,
Wenn verschiedene Anzeichen – die vier Klänge der Umkehrentwicklung der Elemente,
Die drei furchterregenden Erscheinungen und Unsicherheiten – auftreten.

17.

*Mögen wir mit der unübertrefflichen Lebensgrundlage
eines Praktizierenden des Tantra wiedergeboren werden
und den Himmelsraum nutzen,
Oder im Körper eines Mönches, einer Nonne oder eines
Laienpraktizierenden und über die drei Übungen verfügen,
Und mögen wir die Verwirklichungen der Wege der zwei
Phasen der Entwicklung und der Vollendung vervollständigen
Und auf diese Weise rasch die drei Körper eines Buddha
erlangen – den Wahrheitskörper, den Vollständigen
Freudenkörper und den Emanationskörper.*

Anhang

Überblick über das Gedicht und die Zusammenfassungen

Hier folgt eine Übersicht über das Gedicht sowie eine Zusammenfassung für jede einzelne Strophe.

*Wunschgebete für die Befreiung aus dem gefährlichen Engpass des Zwischenzustandes:
Der Held, der von Furcht befreit*

Vom Ersten Panchen Lama,
Lobsang Chökyi Gyaltsen.

Erste Strophe

In Verbindung mit Zufluchtnahme und dem Streben nach dem Wohle aller den Wunsch nach Schutz vor den Schrecken dieses Lebens, des Zwischenzustandes und des nächsten Lebens entwickeln (Seite 56):

*Bis wir die höchste Erleuchtung erreicht haben, nehmen ich und alle Lebewesen
Im grenzenlosen Raum, ohne Ausnahme, unsere Zuflucht
Zu den vergangenen, gegenwärtigen und zukünftigen Buddhas, zu der Lehre und zu der Spirituellen Gemeinschaft.
Mögen wir von den Schrecken dieses Lebens, des Zwischenzustandes und des nächsten Lebens befreit werden.*

1. Die Motivation für Ihre Übung sollte das Wohl aller Lebewesen sein – deren Freiheit vom Leiden und deren Erreichung der Vollkommenheit. Passen Sie Ihre Motivation stets an das Ziel an, anderen so gut es geht zu helfen. Versuchen Sie wenigstens, keinen Schaden zuzufügen.
2. Buddhas sind die Lehrer des spirituellen Weges. Sie verteilen die Verwirklichung nicht wie ein Geschenk. Wir müssen uns selber täglich in ethischem Verhalten, konzentrierter Meditation und Weisheit üben.

Zweite Strophe

Im Rahmen der Kontemplation über die Bedeutung dieser Lebensgrundlage und die Schwierigkeit, sie zu erlangen, wünschen, die Essenz dieses Lebens zu gewinnen (Seite 61):

Mögen wir die bedeutungsvolle Essenz aus dieser Lebensgrundlage gewinnen,,
Ohne von den sinnlosen Angelegenheiten dieses Lebens abgelenkt zu werden,
Denn dieses gute Fundament, das schwer zu erlangen ist und das sich leicht wieder auflöst,
Stellt eine Wahlmöglichkeit dar zwischen Gewinn und Verlust, zwischen Wohlergehen und Elend.

1. Erkennen Sie den Wert des menschlichen Körpers, mit dem Sie ausgestattet sind, denn er ist das Ergebnis vieler vergangener guter Ursachen. Würdigen Sie die Tatsache, dass Lehren verfügbar sind und angewandt werden können.
2. Nutzen Sie jetzt dieses kostbare menschliche Leben gut, da es sehr zerbrechlich ist und auf wirkungsvolle vorteilhafte oder schädliche Weise eingesetzt werden kann.
3. Körperliches Glück ist nur ein gelegentliches Gleichgewicht

der Elemente im Körper und keine tiefergehende Harmonie. Verstehen Sie das Vergängliche als das, was es ist.
4. Ein gezähmter Geist lässt Sie friedlich, entspannt und glücklich werden. Wenn Ihr Geist jedoch nicht friedlich und gezähmt ist, dann werden Sie von Schrecken und Sorgen heimgesucht werden, egal wie hervorragend Ihre äußeren Umstände sein mögen. Erkennen Sie, dass die Wurzeln Ihres eigenen Glücks und Wohlergehens in einem friedlichen und gezähmten Geist liegen. Solch ein Geist ist auch für die Menschen in Ihrem Umfeld von großem Nutzen.

Dritte Strophe

Im Rahmen der Achtsamkeit über die Vergänglichkeit und den Tod wünschen, die Anhaftung an das Leben im Daseinskreislauf zu überwinden (Seite 69):

Mögen wir klar erkennen, dass es keine Zeit zu verschwenden gibt,
Da der Tod gewiss, der Todeszeitpunkt jedoch ungewiss ist.
Was sich versammelt hat, wird auseinandergehen, was angesammelt wurde, wird restlos aufgebraucht werden.
Am Ende des Aufstiegs kommt der Fall, das Ende jeden Lebens ist der Tod.

1. Wenn Sie ein Gefühl für die Ungewissheit des Todeszeitpunktes entwickeln, werden Sie Ihre Zeit besser nutzen.
2. Um die spirituelle Übung nicht aufzuschieben, bemühen Sie sich darum, nicht unter den Einfluss der Illusion der Dauerhaftigkeit zu gelangen.
3. Erkennen Sie, dass, egal wie wunderbar eine Situation auch sein mag, ihre Natur so ist, dass sie enden muss.
4. Denken Sie nicht, dass später auch noch Zeit sein wird.
5. Schauen Sie aufrichtig Ihrem eigenen Tod in die Augen. Er-

mutigen Sie andere, ehrlich mit ihrem Tod umzugehen. Täuschen Sie einander nicht mit Komplimenten, wenn der Zeitpunkt des Todes nahe ist. Ehrlichkeit und Aufrichtigkeit hingegen werden Mut und Freude begünstigen.

Vierte Strophe

Wünschen, dass kein überwältigendes Leiden während des Sterbens auftreten möge (Seite 77):

Mögen wir befreit werden von dem überwältigenden
  Leiden, das durch die verschiedenen Todesursachen
  hervorgerufen wird,
Wenn in dieser Stadt der irrigen Konzepte von Subjekt und
  Objekt
Der illusorische Körper, der aus den vier unreinen
  Elementen zusammengesetzt ist,
Und das Bewusstsein dabei sind, sich zu trennen.

1. Üben Sie sich jetzt, so dass zum Zeitpunkt Ihres Todes die Kraft Ihrer Vertrautheit mit Heilsamem Ihre innere Einstellung beeinflussen wird.
2. Betrachten Sie den Körper als eine Stadt von wirklich falschen Auffassungen. Zwar scheint der Körper sauber, wenn er gewaschen ist. Und er erscheint als Quelle der Glückseligkeit, als dauerhaft und als unter Ihrer Kontrolle stehend – doch all dies ist er nicht. Er ist aus den vier Elementen (Erde, Wasser, Feuer und Luft) zusammengesetzt, ist Anlass für Schmerzen und verändert sich aus eigenem Antrieb heraus von Moment zu Moment.
3. Menschen und Dinge scheinen aus eigener Kraft heraus zu existieren. Die Unwissenheit akzeptiert diese falschen Erscheinungen, was die leidbringenden Gefühle der Begierde, des Hasses und weitere Unwissenheit und Verwirrung ent-

stehen lässt. Diese leidbringenden Gefühle verunreinigen dann ihrerseits die Handlungen des Körpers, der Rede und des Geistes und setzen somit den Prozess des Daseinskreislaufes immerwährend fort. Begreifen Sie, dass Sie in einer Stadt von falschen Auffassungen leben.

Fünfte Strophe

Wünschen, dass die irrtümlichen Erscheinungen während des Sterbens befriedet werden (Seite 80):

Mögen wir befreit werden von den fehlerhaften Erscheinungen des Unheilsamen,
Wenn wir zum Zeitpunkt der Not von diesem Körper, den wir so liebevoll gepflegt und mit großem Aufwand erhalten haben, enttäuscht werden und
Die furchterregenden Feinde – die Herren des Todes – erscheinen
Und wir uns selber mit den Waffen der drei Geistesgifte der Begierde, des Hasses und der Unwissenheit töten werden.

1. Erkennen Sie, dass dieser Körper, den Sie um jeden Preis aufrechterhalten, Ihnen eines Tages untreu werden wird.
2. Vermeiden Sie es, der Situation, die Sie gerade hinter sich lassen, hinterher zu gieren.
3. Vermeiden Sie es zu hassen, dass Sie gehen müssen.
4. Halten Sie sich so gut es geht von Begierde, Hass und Unwissenheit fern, so dass Sie eine heilsame Übung aufrechterhalten können, während Sie sterben.
5. Machen Sie sich klar, dass Sie sich möglicherweise einer entscheidenden Möglichkeit berauben, Heilsames zu manifestieren, wenn Sie eine Tablette nehmen oder sich eine Injektion geben lassen, um einen sogenannten friedlichen Tod zu sterben.

Sechste Strophe

Wünschen, während des Sterbens achtsam zu sein für Unterweisungen (Seite 83).

Mögen wir uns dann an die Anweisungen für die Übung erinnern,
Wenn uns die Ärzte im Stich lassen, Riten nutzlos sind,
Freunde die Hoffnung für unser Leben aufgegeben haben
Und wir nichts anderes mehr tun können.

1. Es hilft zu wissen, dass zu einem bestimmten Zeitpunkt jegliche Hoffnung enden wird, dieses Leben fortführen zu können. Dann werden Ärzte und Priester, Freunde und Verwandte Sie nicht mehr in diesem Leben halten können, und es wird an Ihnen liegen, das zu tun, was hilft.
2. Während des Sterbens ist es notwendig, sich an religiöse Unterweisungen zu erinnern, die mit Ihrer eigenen Stufe der Übung übereinstimmen und diese umzusetzen.
3. Entwickeln Sie Vertrautheit mit Ihrer Übung. Seien Sie fest entschlossen, diese spirituelle Ausrichtung in allen Situationen aufrecht zu erhalten, egal wie schwierig dies sein mag. Beschäftigen Sie sich mit vielen verdienstvollen Handlungen, so dass deren gesammelte Kraft sich auf alle Aspekte Ihres Lebens und Sterbens auswirkt. Erkennen Sie, dass Leiden der Anhaftung am Ich entspringt, und lernen Sie es, andere zu lieben. Wünschen Sie sich häufig, Ihre spirituelle Übung über zukünftige Leben hindurch aufrecht zu erhalten.
4. Wenn ein anderer Mensch stirbt, achten Sie darauf, dass Sie für ihn oder sie nicht größere Anhaftung verursachen oder Ärger und Hass aufwühlen. Betrauern Sie seinen Abschied nicht, greifen Sie nicht nach ihm und weinen Sie nicht in seiner Gegenwart. Helfen Sie ihm, auf sinnvolle Weise zu gehen, indem Sie ihn an eine tiefere Übung erinnern.

5. Falls es möglich ist, bitten Sie andere, dasselbe für Sie zu tun. Sorgen Sie dafür, dass, jemand zum Zeitpunkt Ihres Sterbens bei Ihnen sein wird, der von Zeit zu Zeit sanft in Ihr Ohr spricht und Sie an die spirituellen Geisteshaltungen erinnert, die Sie manifestieren wollen.

Siebte Strophe

Wünschen, in freudiger Zuversicht sterben zu können (Seite 87):

Mögen wir voller freudig-offenem Vertrauen sein,
Wenn Nahrung und der mit Geiz aufgehäufte Besitz
  zurückgelassen werden,
Wir uns für immer von unseren geliebten und ersehnten
  Freunden trennen
Und wir uns alleine in eine gefährliche Situation begeben.

1. Um zu vermeiden, dass Sie das Sterben deprimiert, sollten Sie im Rahmen des Mitgefühls für alle Lebewesen Zuflucht zu Ihrer eigenen religiösen Anschauung nehmen. Denken Sie über die Wichtigkeit nach, die Essenz aus diesem gegenwärtigen Leben zu gewinnen, das sowohl mit der Freiheit als auch den Voraussetzungen für die spirituelle Übung ausgestattet ist, und reflektieren Sie immer wieder über die Vergänglichkeit.
2. Die Erinnerung an Ihre Übung ist wirksam, sie bildet die Basis dafür, dass sogar eventuell auftretende furchterregende Ereignisse und Erscheinungen während des Sterbens nur dazu dienen, Sie anzuspornen, ruhig zu bleiben und mit Freude und Vertrauen zu meditieren.

Achte Strophe

Wünschen, einen starken heilsamen Geist zu entwickeln, wenn sich die äußeren Zeichen des Auflösungsprozesses der Elemente zeigen (Seite 91):

Mögen wir einen starken heilsamen Geist entwickeln,
Wenn sich die Elemente – Erde, Wasser, Feuer und Luft –
stufenweise auflösen
Und körperliche Kraft verloren geht, der Mund und die
Nase austrocknen und sich zusammenziehen,
Die Wärme sich zurückzieht, die Atemzüge gekeucht
werden und ratternde Geräusche auftreten.

1. Lernen Sie die Stadien des Auflösungsprozesses der vier Elemente und die sie begleitenden äußeren Anzeichen, wie oben beschrieben, und die inneren Anzeichen, wie sie in den folgenden Strophen beschrieben werden, damit Sie nicht vom Sterbeprozess überrascht werden, wenn dieser einsetzt.
2. Seien Sie nahe am Zeitpunkt des Todes vorsichtig, damit gute Veranlagungen und Neigungen durch eine heilsame Haltung genährt und aktiviert werden.
3. Vorzeichen des Todes können ein oder zwei Jahre vor dem Sterben auftreten. Diese Vorzeichen warnen Sie, dass Sie sich vorbereiten müssen. Doch es ist besser, schon vor diesen Anzeichen bereit zu sein.

NEUNTE STROPHE

Wünschen, die Erkenntnis der tiefgründigen Wirklichkeit aufrechterhalten zu können, wenn die inneren Zeichen aufscheinen (Seite 99):

Mögen wir die todlose Daseinsweise verwirklichen,
Wenn verschiedene irrtümliche Erscheinungen, beängstigend und schrecklich –
Und insbesondere die Luftspiegelung, der Rauch und die Glühwürmchen – auftreten
Und die Grundlagen der achtzig konzeptuellen Bewusstseinsarten enden.

1. Erkennen Sie, dass die unzähligen Erscheinungen, die während des Sterbens auftreten und die sogar beängstigend und schrecklich sein können, durch Karma verursacht werden. Lassen Sie sich davon nicht ablenken oder beunruhigen.
2. Lernen Sie die ersten drei der acht Erscheinungen kennen: Luftspiegelung wie in einer Wüste; Rauchwölkchen aus einem Kamin oder dünner Rauch in einem Zimmer; Glühwürmchen oder die glühenden Funken im Ruß am Boden eines Wok.

ZEHNTE STROPHE

Wünschen, eine stabile Achtsamkeit für frühere heilsame Bemühungen zu entwickeln, wenn sich die groben dualistischen Erscheinungen auflösen (Seite 100):

Mögen wir eine stabile Achtsamkeit und Introspektion entwickeln,
Wenn sich das Windelement in das Bewusstsein aufzulösen beginnt,

Das äußere Kontinuum des Atems aufhört, grobe dualistische Erscheinungen sich auflösen
Und eine Erscheinung wie eine brennende Butterlampe heraufdämmert.

1. Obwohl Geist und Materie unterschiedliche wesentliche Ursachen haben, interagieren sie auf vielfältige Weise.
2. Nach den drei inneren Erscheinungen der Luftspiegelung, des Rauches und der Glühwürmchen, kommt das vierte innere Zeichen, welches wie die Flamme einer Butterlampe oder Kerze ist, zuerst flackernd und dann ruhig.
3. Obwohl zu diesem Zeitpunkt der äußere Atem durch die Nase aufhört und es keine bewusste Reaktion des Sterbenden auf äußere Reize mehr gibt, ist dieser Mensch noch nicht gestorben. Es ist sehr hilfreich, den der Körper nicht zu stören, bis der vollständige Tod eingetreten ist.
4. Das Aufrechterhalten von Achtsamkeit und Introspektion, die Ihnen helfen zu erkennen, welches Stadium des inneren Prozesses gerade stattfindet, kann kraftvolle Verwirklichungen hervorrufen und eine positive Wiedergeburt bewirken.

Elfte Strophe

Wünschen, die Natur Ihres eigenen Geistes in der Erfahrung zu erkennen, wenn sich die ersten drei Leeren manifestieren (Seite 106):

Mögen wir unsere eigene Natur selbst erkennen
Mit Hilfe des Yoga, der sowohl den Daseinskreislauf als auch Nirvana als leer erkennt,
Wenn Erscheinung, Intensivierung und Beinah-

Verwirklichung sich auflösen – die erstgenannten in die letztgenannten –
Und Erfahrungen wie das alles durchdringende Mondlicht, Sonnenlicht und Dunkelheit aufscheinen.

1. Beobachten Sie, wie verschiedene Geisteshaltungen und begriffliche Auffassungen unterschiedliche Stärke haben, je nach der Stärke der Bewegung des Windes zu seinen jeweiligen Objekten hin.
2. Lernen Sie, dass nach den vier inneren Anzeichen der Luftspiegelung, des Rauches, der Glühwürmchen und der Flamme einer Kerze oder Butterlampe (zuerst flackernd und dann ruhig) drei Arten eines subtileren Geistes erscheinen: Der Geist der leuchtend klaren, weißen Erscheinung, der Geist der orangeroten Intensivierung der Erscheinung und der Geist der schwarzen Beinah-Verwirklichung.
3. Erinnern Sie sich daran, dass Sie anstreben, diese subtileren Geistesarten zu nutzen, um die Wirklichkeit der Leerheit zu verwirklichen.
4. Leerheit bedeutet nicht Nichtexistenz. Leerheit bedeutet vielmehr die Abwesenheit von unabhängiger Existenz, sowohl bei Lebewesen als auch bei Dingen.
5. Lernen Sie, die Phänomene zu untersuchen: Konzentrieren Sie sich darauf, ob ein Phänomen mit irgendeinem seiner Bestandteile identisch ist, oder ob es die Summe dieser Bestandteile ist, oder etwas gänzlich anderes. Das wird Ihnen zeigen, dass Phänomene nicht auf die konkrete Weise existieren, in der sie erscheinen.
6. Alle Ursachen und Wirkungen, Handlungen und Handelnde, Gutes und Schlechtes existieren nur konventionell und sind etwas in Abhängigkeit Entstandenes.
7. Deren Abwesenheit von Unabhängigkeit – oder ihre Leerheit von inhärenter Existenz – ist ihre endgültige

Wirklichkeit. Das ist es, was Weisheit versteht und wodurch der Unwissenheit hinter der Begierde und dem Hass und dem Leiden, das diese verursachen, der Boden entzogen wird.
8. Erkennen Sie mit Hilfe von diesem Yoga Ihre eigene endgültige Natur sowie diejenige aller Phänomene.

Zwölfte Strophe

Wünschen, dass sich während der vierten Leere das klare Licht der Mutter und das klare Licht des Kindes treffen (Seite 126):

> *Mögen sich das klare Licht der Mutter und das klare Licht des Kindes treffen,*
> *Wenn sich die Beinah-Verwirklichung in das All-Leere auflöst*
> *Und alle konzeptuellen Vervielfachungen aufhören und eine Erfahrung*
> *Wie ein Herbsthimmel frei von verunreinigenden Bedingungen entsteht.*

1. Das letzte Stadium im Sterbeprozess tritt ein, wenn sich der grundlegende, angeborene Geist des klaren Lichtes zeigt. Dieser Geist existiert schon seit anfangsloser Zeit und wird für immer existieren.
2. In der Buddhaschaft wird man schließlich dazu fähig, in diesem angeborenen Geist des klaren Lichtes zu verweilen, ohne den rückläufigen Prozess der gröberen Bewusstseinsebenen zu durchlaufen. Dann gibt es keine Gelegenheit mehr, Karma anzusammeln.
3. Selbst für einen Menschen, der nicht praktiziert, wird sich die Abwesenheit von gröberen Erscheinungen während des Todes zeigen. Ein weit fortgeschrittener Praktizierender jedoch versucht, diesen Geist für die Erkenntnis der Wahrheit, der Leerheit von inhärenter Existenz zu nutzen mittels der

Kraft der Vertrautheit, die durch Meditation auf die Leerheit gewonnen wurde.
4. Der gewöhnliche Geist des klaren Lichtes, der sich im letzten Stadium des Todes manifestiert, wird das klare Licht der Mutter genannt. Das klare Licht, das durch die Kraft der Übung auf dem spirituellen Weg entwickelt wird, wird das klare Licht des Kindes genannt.
5. Wenn sich das klare Licht der Mutter, das sich aufgrund von Karma zeigt, in ein spirituelles Bewusstsein, das die Leerheit erkennt (das klare Licht des Kindes) umwandelt, wird diese Umwandlung das Treffen des klaren Lichtes der Mutter und des klaren Lichtes des Kindes genannt.

Dreizehnte Strophe

Wünschen, während der vier Leeren in meditativer Ausgeglichenheit zu sein – innerhalb der höchsten Weisheit der Glückseligkeit und Leerheit –, die angeborene Glückseligkeit mit der Leerheit verbindend (Seite 137):

Mögen wir in einsgerichteter, tiefgründiger Meditation verankert sein,
Innerhalb der höchsten Weisheit der Vereinigung von angeborener Glückseligkeit und Leerheit,
Während der vier Leeren, die auf das Schmelzen des mondgleichen weißen Bestandteils
Durch das Feuer der blitzgleichen Mächtigen Frau folgen.

1. Eine Übende oder ein Übender auf der höchsten Stufe kann das klare Licht der Mutter, das sich während des Sterbens aufgrund von Karma zeigt, in ein Bewusstsein des spirituellen Weges umwandeln.
2. Auf den niedrigeren Stufen stellen sich Menschen, die täglich den Gottheiten-Yoga des Höchsten Yoga-Tantra praktizie-

ren, die Erscheinung der acht Zeichen des Todes innerhalb einer dreifachen Achtsamkeit vor, indem sie sowohl das gerade erscheinende Anzeichen erkennen als auch das vorangegangene und das nachfolgende Anzeichen. Sie üben diese Reihe von acht Anzeichen zusammen mit der Betrachtung über die Leerheit. Jede der acht Stufen setzt sich aus drei Teilen zusammen, außer der ersten und der letzten, die nur zwei Teile haben:
- Luftspiegelung erscheint. Rauch ist dabei, zu entstehen.
- Rauch erscheint. Luftspiegelung ist gerade vorüber gegangen. Glühwürmchen sind dabei, zu entstehen.
- Glühwürmchen erscheinen. Rauch ist gerade vorübergegangen. Eine Flamme ist dabei, zu entstehen.
- Eine Flamme erscheint. Glüchwürmchen sind gerade vorübergegangen. Eine leuchtend klare, weiße Erscheinung ist dabei, zu entstehen.
- Eine leuchtend klare, weiße Erscheinung entsteht. Eine Flamme ist gerade vorüber gegangen. Eine leuchtend klare, orangerote Intensivierung ist dabei, zu entstehen.
- Eine leuchtend klare, orangerote Intensivierung erscheint. Eine leuchtend klare, weiße Erscheinung ist gerade vorübergegangen. Eine leuchtend klare Schwärze ist dabei, zu entstehen.
- Eine leuchtend klare Schwärze erscheint. Eine leuchtend klare, orangerote Intensivierung ist gerade vorüber gegangen. Der Geist des klaren Lichtes ist dabei, zu entstehen.
- Der Geist des klaren Lichtes erscheint. Eine leuchtend klare Schwärze ist gerade vorübergegangen.
3. In der besonderen Übung des Gottheiten-Yoga im Höchsten Yoga-Tantra verbinden die Praktizierenden ihre jeweilige Stufe des Verstehens der Leerheit mit der schrittweisen Entfaltung der acht Zeichen des Todes. Dann nutzen sie den Geist des klaren Lichtes, der die Leerheit erkennt – oder ein

Bewusstsein, das solch einen Geisteszustand nachahmt – als die Grundlage, aus der heraus sie in einer idealen, mitfühlenden Form als eine Gottheit erscheinen.
4. Sehr weit fortgeschrittene Praktizierende, die über standfestes Mitgefühl und Weisheit verfügen, können den Geschlechtsverkehr als eine Methode nutzen, um den Geist wirkungsvoll zu fokussieren und um den grundlegenden, angeborenen Geist des klaren Lichtes zu manifestieren. In diesem innersten und tiefsten Geist erkennen sie die Leerheit von inhärenter Existenz auf dramatische und mächtige Weise.

Vierzehnte Strophe

Wünschen, anstelle des Zwischenzustandes einen Illusionskörper zu erlangen (Seite 145):

Mögen wir statt des Zwischenzustandes die konzentrierte Meditation der Illusion
Vollenden, so dass wir, wenn wir das klare Licht verlassen,
In einem Vollständigen Freudenkörper auferstehen, der in der Pracht der Schönheiten und Merkmale eines Buddha erstrahlt
Und der aus dem reinen Wind und Geist des klaren Lichtes des Todes hervorgeht.

1. Sehr weit fortgeschrittene Praktizierende können das gewöhnliche klare Licht des Todes und den Wind, auf dem es reitet, als die wesentlichen Ursachen für einen reinen Geist, beziehungsweise einen reinen Körper nutzen.
2. Damit man aus dem Geist des klaren Lichtes heraus in einem reinen Körper entstehen kann, von Wind oder Energie geformt, ist es notwendig, sich schon vorher darin geübt zu haben, sich vorzustellen, dass man einen aus Uneigennützigkeit motivierten Geist und Körper hat. Was in der Nachah-

mung ausgeführt wird, führt schließlich zu dem, was tatsächlich erreicht wird.
3. Um die endgültige Transformation bewirken zu können, muss man vermeiden, aus dem grundlegenden angeborenen Geist des klaren Lichtes heraus die gröberen Ebenen des Geistes rückwärts zu durchlaufen. Das bringt dann einen unsterblichen Zustand hervor.

Fünfzehnte Strophe

Wünschen, dass die irrtümlichen Erscheinungen während eines gewöhnlichen Zwischenzustandes als eine Spielart der Reinheit erscheinen mögen (Seite 150):

Wenn durch Karma verursacht ein Zwischenzustand
  hervorgerufen wird,
Mögen irrtümliche Erscheinungen geläutert werden
Durch das sofortige Analysieren und Erkennen der
  Abwesenheit von inhärenter Existenz
Des Leidens der Geburt, des Todes und des Zwischen-
  zustandes.

1. Es ist sehr wichtig, die Anzeichen zu erkennen, dass Sie sich im Zwischenzustand befinden.
2. Betrachten Sie alle angenehmen und unangenehmen Erscheinungen und Erfahrungen als Ausdrücke Ihres eigenen guten und schlechten Karmas.
3. An Stelle dessen, was Ihnen dargeboten wird, denken Sie, dass Sie sich in einem Illusionskörper erhoben haben und stellen Sie sich alle Erscheinungen von Lebewesen als idealen Ausdruck von Mitgefühl und Weisheit und alle Erscheinungen von Umwelten als wundervolle herrschaftliche Wohnhäuser von Gottheiten vor.
4. Vermeiden Sie es, das Hässliche abzulehnen oder das Schöne zu begehren.

5. Erkennen Sie, dass die verschiedenartigen Erscheinungen und Leiden des Todes, des Zwischenzustandes und der Wiedergeburt leer von inhärenter Existenz sind. Diese existieren nicht unabhängig aus sich selbst heraus.

Sechzehnte Strophe

Wünschen, durch die Kraft des Yoga, der das Äußere, das Innere und das Geheime umwandelt, in einem reinen Land wiedergeboren zu werden (Seite 154):

Mögen wir in einem Reinen Land wiedergeboren werden
Mit Hilfe des Yoga, der das Äußere, das Innere und das Geheime umwandelt,
Wenn verschiedene Anzeichen – die vier Klänge der Umkehrentwicklung der Elemente,
Die drei furchterregenden Erscheinungen und Unsicherheiten – auftreten.

1. Seien Sie darauf vorbereitet, dass es im Zwischenzustand viele ungewöhnliche Erscheinungen geben kann, wunderbare wie entsetzliche. Verstehen Sie, dass Sie das, was auch immer erscheinen mag, jetzt durch Ihre Vorstellungskraft umwandeln können.
2. Bleiben Sie ruhig und gelassen. Stellen Sie sich Ihre Umgebung als schöne herrschaftliche Wohnhäuser und Villen vor, die in einer friedlichen Landschaft liegen. Betrachten Sie die Lebewesen so, als ob deren innerstes Wesen aus Mitgefühl und Weisheit besteht. Betrachten Sie Ihr eigenes Bewusstsein als einen glückseligen Geist, der die Leerheit erkennt.
3. Das wird zu einer Wiedergeburt an einem Ort führen, wo Sie Ihre Übung fortsetzen können, um eine tiefere spirituelle Verwirklichung zu erlangen.

Siebzehnte Strophe

Wünschen, auf sinnvolle Art und Weise wiedergeboren zu werden (Seite 159):

> *Mögen wir mit der unübertrefflichen Lebensgrundlage eines Praktizierenden des Tantra wiedergeboren werden und den Himmelsraum nutzen,*
> *Oder im Körper eines Mönches, einer Nonne oder eines Laienpraktizierenden und über die drei Übungen verfügen,*
> *Und mögen wir die Verwirklichungen der Wege der zwei Phasen der Entwicklung und der Vollendung vervollständigen*
> *Und auf diese Weise rasch die drei Körper eines Buddha erlangen – den Wahrheitskörper, den Vollständigen Freudenkörper und den Emanationskörper.*

1. Erstreben Sie eine Wiedergeburt in einem Körper und in einer Situation, wo Sie dazu in der Lage sein werden, die verbleibenden spirituellen Wege zu vollenden.
2. Der Zweck, die vollkommene Erleuchtung zu erlangen, ist es, anderen in vollem Umfang zu helfen.

Ausgewählte Bibliographie

Santideva: Eintritt in das Leben zur Erleuchtung. Lehrgedicht des Mahayana. 3. Aufl. München 1997

Tenzin Gyatso, XIV. Dalai Lama: Der Weg zum Glück. Sinn im Leben finden, 9. Aufl. Freiburg 2003

Tenzin Gyatso, XIV. Dalai Lama: Einführung in den Buddhismus. Die Harvard Vorlesungen, 17. Aufl. Freiburg 2002.

Tenzin Gyatso, XIV. Dalai Lama: Gesang der inneren Erfahrung. Die Stufe auf dem Pfad zur Erleuchtung, Hamburg 1998.

Tenzin Gyatso, XIV. Dalai Lama, Francisco J. Varela: Traum, Schlaf und Tod. Grenzbereiche des Bewusstseins, 2. Aufl. München 2002.

Tenzin Gyatso, XIV. Dalai Lama: Yoga des Geistes, 3. Aufl. Hamburg 1999.

Tenzin Gyatso, XIV. Dalai Lama: Der Friede beginnt in dir. Wie innere Haltung nach außen wirkt, 7. Aufl. Freiburg 2002.

Jeffrey Hopkins: Tantra in Tibet, 6. Aufl. München 1999.

Jeffrey Hopkins: Mitgefühl und Liebe. Meditationstechniken und buddhistische Sichtweise, München 2002.

Ein Handbuch der Lebenskunst

Dalai Lama
Der Weg zum Glück
Sinn im Leben finden
Hg. von Jeffrey Hopkins
160 Seiten, gebunden
mit Schutzumschlag
ISBN 3-451-27637-2

Was ist wirklich wesentlich? Kann man das, was ein gutes Leben ausmacht, auch einüben – wenn der Alltag stresst, wenn Unsicherheiten unser Leben bestimmen? Der Dalai Lama ist überzeugt: Wir können etwas tun zu unserem Glück. Gelassenheit und Seelenruhe sind jedem möglich. Eine der großen und überzeugenden Persönlichkeiten unserer Zeit gibt seine persönliche Einführung in die Praxis des mediativen Lebens. Er zeigt: Innere Zufriedenheit ist dem möglich, der sich von all dem befreit, was im Leben unwesentlich ist. Ein kleines Handbuch der Lebenskunst. Für jeden, der gut und gelassen leben will.

HERDER spektrum